「儲かる仕組み」は自由に作れる！

社長のための輸入ビジネス

ジェトロ認定貿易アドバイザー
大《おお》須《す》賀《か》 祐《ゆう》

みらいパブリッシング

はじめに

この本を手に取ってくださった社長様へ

ちょっと待ってください・・・

もし、あなたが今、そこそこの現状に満足をしていて、御社には何も改善する必要がないとお考えなのであれば、ここから先は読まないでください。なぜなら、あなたには、あなたの会社を現在の11倍の利益構造をもつ会社にする門外不出のノウハウは必要ないでしょうから……。

私は、本が書きたくて書いているのではありません。

社長であるあなたへ、一刻も一刻も早くお伝えしなければならないことがあります。
これを知らなければ、あなたのビジネスが立ち行かなくなってしまう・・・・
これを知らなければ、あなたの会社が時代に取り残されてしまう・・・・
これを知らなければ、あなた自身がこれ以上成長できなくなってしまう・・・

そんな、危機感をもって、この貴重な貴重な情報をいち早くお伝えすべく、緊急に筆をとっているのです。

そして、私のそんな思いが伝わったのでしょうか…。

今、この本を奇跡的に手にとり、興味深く読み始めた社長様！

社長様は、今どんなことをされている方ですか？　社長様のことを教えてください。毎日早朝から遅くまで、社員ともども頑張っているのに、思ったように収益があがらないとお嘆きの社長様でしょうか？

新規事業を探しているがなかなかいいものが見つからない、こう思われている社長様でしょうか？　業界の厚い壁に阻まれ、閉塞感でいっぱいの社長様でしょうか？

もし、今、現在御社の売上げが思うように上がっていないとしても、コストをかけずに利益だけを「2倍」、「3倍」いや「10倍」にする方法があるとすれば知りたくはないですか。

・社内で一丸となっているのに、一向に売上げが伸びない。
・売上げがあるのに利益が残らない。
・夜中まで仕事をしているのに、それにあった収入が得られない。

そんなお悩みはありませんか。

なかなか売上げが伸びない！売上げはある程度あるのだが、期が終わってみると全く儲かっていない！

もし不幸にも社長様がそうであれば、これから先を読み進めてください。そしてそれが御社の実態なら、ごめんなさい。はっきり申し上げます。

それは、社長様のやりかたが間違っているのです。でもご安心ください。それは、社長様のせいではありません。

ご覧ください。

2014年3月に国税庁が発表した「平成24年度分法人企業の実態（会社標本調査）」では、赤字会社は調査法人全体（253万5272社）の70・3％の177万6253社となっています。

いかがでしょう。驚くべき数字じゃないですか。大多数がそうなのです。

なぜ、こうなってしまうのでしょうか。誰も言わないことですが、実は、これには**日本型ビジネスの大きな欠点**があるからなのです。

社長様は、**定価制度**というものが日本にしか存在しないということをご存知でしたか。

「えっー！　なんの話だ？」という声が聞こえてきそうですね・・そうなのです。

海外には、メーカーが定めた定価というものがないのです。

「だから、なんのことだ？」って思われている方も多いでしょう。

説明いたしましょう。まず、メーカーが決めている定価なるもの…これは、絶対的にあってはならないものなのです。だってそうでしょう。

なぜ、社長の命の次に大事な利益を関係のない第三者、つまりメーカーが、勝手に決めるのでしょうか。欧米的センスからするとこれはあってはならない暴挙です。

物の価格は、本来は売り手、買い手の間の同価値合意であったはずです。物々交換の時代は、交換をする2人がその価値が同じだと判断したときに交換が発生しました。価値が同等だとお互いが納得をしたときに交換が成立したのです。

時が流れ、現代では、その交換の一方が貨幣に変わっただけなのです。ですから、物の価値、すなわち価格は当事者間で決めるのが当たり前なのです。しかし、現代日本においては、その当たり前のことが当たり前でないのです。

このことがあなたのビジネスが、さらなる飛躍を遂げられない大きな理由の一つなのです。みんな同じだから仕方ないと思われたでしょうか。それを言い訳にしますか？

でも、本来の社長様はそうではないのではないですか？　だって、この本をご覧くださっているのですから・・

社長様は、一気にその他大勢から抜け出し、社会的に尊敬され、認められる存在になり、何もかもが思い通りになり、自由を謳歌し、人生を楽しみ、おいしいものを好きなだけ食べ、ストレスから解放されることにで長寿を全うし、そして愛するものを気遣い、守りたいと思われているのではないですか。

「では、それは可能なのか？」

社長様は、こうおっしゃるでしょう。

私は、断言します・・

可能です！

輸入ビジネスという、究極のビジネススキームを活用すれば、可能なのです。

輸入ビジネスは、科学です。
決して再現できない芸術ではないのです。

この本は、その秘密について微に入り細に渡り書いています。そして、社長様が、これをそのまま実行したら、あなたの運命は劇的に変わるのです。なぜなら、輸入ビジネスは、自らが、一円の設備投資をすることなくメーカーになり、そして、一円のコストをかけることなく、国内の上場企業、優良企業、さらにはメーカー、そして名だたる物販業者をもあなたの傘下におき、あなたの手足のごとき販売部隊として活用できる究極のジョイントベンチャーなのですから…。

もし、社長様が、今のままでいいとおっしゃり、何も改善しないのであれば、残念ですが御社の利益構造を根本から変える機会を永遠に失うことになります。しかし、数ある本からこの本を手に取った慧眼《けいがん》をお持ちの社長様のことです。この仕組みを使ってあっという間に成功の階段を上りつめていくことでしょう。

私は、成功という名の山頂で一足先に社長様を待っています。誰よりも早く息を切らせながら先頭を切って私のもとに駆けてくる社長様を迎えるために…！

その時、私のこの本が、社長様のバイブルとしてあなたの小脇にあるのであれば、私には
何物にも代えがたい喜びです・・・・・
まだ見ぬ社長様を思いながら・・・・
ありったけの愛と感謝をこめて・・・！

大須賀 祐

「儲かる仕組み」は自由に作れる！ **社長のための輸入ビジネス**〈目次〉

第3章 商品の選定、発掘……67

第4章 価格設定と販路拡大……89

第5章　独占販売権を獲得する……113

第1章

輸入ビジネスの魅力とは

販売価格は自分で決められる！

「輸入ビジネスの最大の魅力は何か？」と聞かれれば、私はためらうことなくこう答えます。

それは「あなたの販売する商品の販売価格をあなたが、勝手に自由に決められること」だと。

価格決定権を持つこと。

これはすなわち日本国内において、メーカーと同じ立場になるということです。

多大な設備投資のための資本投下をすることなしに個人規模の事業もしくは中小企業がメーカーの立場になり、仕入れた商品の価格を自分で自由に決められる。これはものすごいことだとは思いませんか。

あなたが今、販売している商品が、メーカーによって定価が決められている国内商品であれば、量をさばかなければ儲けることはできないという現状がありませんか？

しかし、量をたくさん販売するには、ある程度のまとまった資本も必要になってきますね。

でももし、あなたがメーカーの立場に立ち、自らが値付けできるとしたら・・・ものすごい高利益を得ることが可能になってきますよね。

じゃ、ここからが問題ですよね？　そんなことができるのかと。

実は、可能なのです。

えーっ　と思われたでしょうか？　説明しましょう。

海外には定価というもの自体が存在しないのです。もう一度言います。海外には、定価制度と言うものは存在しないのです。

ご存知でしたでしょうか？　えーっ、何を言ってるんだ！　とお思いでしょうか？

メーカーが、末端の販売価格（定価）を決定し、統制するということはないのです。これは、資本主義の世の中ではあってはならない、大暴挙なのです。

なぜかって？　まあ、もうちょっと待ってください。もう一度言います。

海外では価格決定権は製造元にあるのではなく、それを輸入販売する者、つまりあなたにあるのです。

つまり、1ドルで仕入れたものを10ドルで売ろうが100ドルで売ろうが自由なのです。

これが『輸入ビジネスの最大の特徴』です。

自分が納得する値段をあなたが自由に付けていいのです。

あなたの会社の利益を己の力でコントロールできるようになるのです。

これが、自分の仕組みを持つ、仕組みを作るということです。すべてのビジネスにおいて儲ける秘密は仕組みを自らが作ることしかないのです。まわりを見てください。

現実的に、仕組みを持っている人間しか儲かっていないでしょう？

では定価制度とはそもそも何なのか、というお話をしましょう。

「定価」は日本独自のシステム

現在の日本のビジネスモデルは、そもそも高度経済成長の１９５５年〜１９９０年にＧＤＰが51倍に成長するという驚異の時代に作られたものなのです。これは世界でも類例のないような成長曲線でした。当時の池田内閣の戦後復興政策のモデルは、アメリカ型の「大量生産、大量消費」。多く作って多く消費してもらうわけですからどちらかというと薄利多売のビジネスモデルです。戦争で物が何もなくなっていた時代からの復興です。

その反動からこの時代はものがあふれていることが富の象徴、裕福な人間はものを持つ、という価値観であったため数多く作って数多く売るというスタイルがマッチし、非常に効果的でした。ただ、そこには重大な欠点が生じることになります。

実は、高度経済成長期以前、日本の商品価格は売り手側がそれぞれ自由に決めていたのです。呉服屋、豆腐売り、油売り。その商品に特化した専門家、いわばプロが生産、販売にあたっていたので、価格もそのまま自ら決める、というのは当然でした。

ところが生産数、商品数が増えると売り手の数が間に合わなくなり、その商品に知識がない、販売の経験がない者でも商品が売れるような仕組みが必要になりました。ただ、プロでないにわか小売店、販売員は商品をいくらで売ればいいかわからないわけです。

そしてその時に、彼らは、一番聞いてはいけないメーカーに他店で販売している価格を聞いてしまったのです。その結果、メーカーは自分の商品の販売を最大化するために、販売店、販売員の利益を極度に低く抑えた販売価格を教えたのです。それが、定価の始まりです。

ここで世界のスタンダードに目を向けてみましょう。世界の市場においては、買い手が売り手の所に買いに行くというのが一般的です。しかし、高度成長期の日本においては、メーカーが営業員を雇って自らが出向いて行って販売するという形が長く続きました。これによって売上げを最大化できるからです。

彼らが他店で売っている価格を伝えることで、他の店との価格調整が始まり足並みをそろえることになりますね。その方法が一般的となり、広まった結果として基準が設けられることとなりました。これが日本独自のシステムである「定価」というものになったのです。

物があれば誰でも売れるということは、メーカー主導で価格設定をしていくことにつながります。そうするとメーカーは自分の商品をなるべく多く売りたいがために、小売価格を抑えていく、こうして小売商の粗利が30％や40％という世界的に見るとあり得ないくらいに低い水準が定着してしまったのです。これは世界的に見てもダントツで低い数字です。

ヨーロッパに行けば、仕入れ価格の3倍で商品を売るのは当たり前です。そもそも、問屋などの中間搾取の仕組みが存在していないので、小売商はメーカーから直接仕入れています。だから粗利70％程度が普通なのです。

高度経済成長下の日本では取引額が、年々どんどん増えていったので、低い粗利益率でも成り立ってきました。今のモノが売れない時代であれば、低い粗利益率では儲かるはずがありませんね。

薄利多売の時代は終わっているのに流通制度、定価制度はそのまま、利益率もそのままなのですから、粗利を確保できるはずもありません。結果、現状日本の企業の70・3％は赤字という現状になってしまったのです。そういった厳しい環境下、日本の流通の不可思議さに一部の人々が気づき始めました。

海外での「当たり前」を日本に持ち込むだけで、何倍もの利益を得ることができるのだから…。海外の物販では基本的に中抜きも定価もありません。海外の物販の考え方で面白いのは、海外のメーカーが買い手に一旦商品を販売し、所有権が移転したら、その後は、その商品は買った人の自由にできることなのです。これは、よくよく考えれば当たり前のことなのですが。ですからその商品を安く売ろうが高く売ろうが売り手の自由。極論をすれば、買い手がその商品をただであげても、捨てたとしてもメーカーが一切、そこに口をはさむことは、筋違いなことなのです。

日本ではメーカー側が価格についてあれこれ指図するのですが、自分の所有権を離れたものについて影響を及ぼすという考え方がそもそも間違っているというのが欧米の常識なのです。

物が不足している国から、物が満ち溢れた国となった日本では、新しいビジネススタイルが求められています。世界レベルで考えることで、「定価」に縛られた日本の時代遅れのビジネススタイルから脱却し、展開するべき時がきたのです。

輸入ビジネスの扉を開いてみませんか？

輸入ビジネスはどのように進めればいいのか

まずは「輸入ビジネスとは何か?」を知ることが一番です。輸入ビジネスとは、大まかに言ってしまえば「海外からヒットしそうな、売れそうな商品を探し出し、日本で売って利益を得る。その繰り返しで拡大するビジネスモデル」です。

そのおおまかな流れを説明しましょう。

まず、日本の市場でニーズ(必要性)、ウォンツ(欲求)があるにもかかわらず、市場にないものを発見し「市場が何を求めているか?」を探ることです。これを海外の展示会に行き、探してくるのです。

それを見つけた場合、どうするのか? 次にいきなり買うのではなく、サンプルのオーダーをするのです。

輸出価格をよく確認のうえ、日本での卸価格と小売価格を設定してください。価格の設定はおおまかで大丈夫です。

サンプルを取り寄せ、品質や機能、デザイン、サイズ、カラー、材質、仕上げなどをチェックしてください。

このサンプルは、あとで本オーダーしたときの品質の照合サンプルになるので大事に保管しておくことが重要です。商品が売れるか売れないかは、最終的にお客様の判断になるためサンプルを示してその商品に対するお客様の声を謙虚に聞き、それをメーカーにフィードバックしましょう。これは大事なステップです。

メーカーにフィードバックする理由は、日本市場に適合させるための品質や仕様の変更のためです。作られた商品を売るのではなく、売れる商品を作ることも重要になってきます。

その後、サンプルとオーダー品がまったく違うケースがあるので、大きなオーダーはせず、少量のトライアルオーダーをすることも重要になってきます。

商品によっては、潜在的に欠陥を持っている場合もあります。たとえば、1ヶ月たつとこわれるドライヤー、ある程度の頻度で使うと見られなくなるＤＶＤプレイヤーなどです。

そういった欠陥を見極めるためにもいきなり本オーダーはせず、少量のオーダーを入れるべきなのです。そして、その商品を実際に使ってみてある程度の期間検証することが重要です。

トライアルオーダーについては、メーカーによって、ミニマムオーダー（最低受注引受単位）を設定しているところもあり、ある程度の量を要求されるケースもあります。しかし、そこで引き下がらず、じっくり交渉することも大事になってきます。

上記までのステップが順調であり、売れる手ごたえがあれば、本オーダーを入れましょう。

輸入ビジネスでは同時に複数の案件を進めることが多く、それぞれの案件が今どのプロセスにあるかをしっかり把握している必要があります。

輸入ビジネスの流れをつかんでいないと、次に自分が何をすべきかが見えなくなって混乱するため、ここはしっかりとおさえておきましょう。

展示会での英語による
FACE TO FACEの商談
15ステップ

STEP1.

Hi !
こんにちは

ブースに入る時が、最も重要なステップの一つです。明るくにこやかにフレンドリーに「Hi!」と元気に入りましょう。もちろん、Helloでも、Good Morningでも、Good Afternoonでも大丈夫です。重要なのは、必ず何かを言ってからブースに入ることなのです。

日本式の仏頂面の無表情では、共感は得られません。明るく開放的な雰囲気は、初対面では特に重要なのです。

どうせ取引をするのであれば、いかにも景気のよさそうな人間と付き合いたいと考えるのは、当然だと思います。にこやかに応対すること、あなたと組むといかに得になるかということを感じさせられるかがすべてのカギになります。

―輸入ビジネスの流れ―

フロー1　日本市場にない有望商品を調べる

⇩

フロー2　海外市場でそれらの商品を探す

⇩

フロー3　輸出者に日本への輸出の実績を訪ねる

⇩

フロー4　サンプルをオーダー（注文）する

⇩

フロー5　サンプルでお客様の声を聞き「前注文」をとる

⇩

フロー6　試しに少量をオーダーして反応を見る

⇩

フロー7　本格的に輸入して販売する

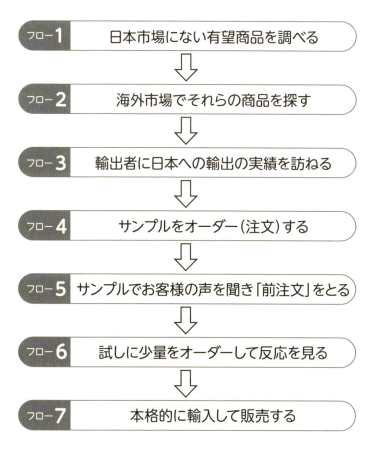

貿易ビジネスは時間差ビジネス

タイムマシン……このワードにワクワクした記憶は、ありませんか。私は、小さい頃すごく憧れたものです。自由に時代を行き来し、旅をしてみたいと。

歴史の謎に迫るため、過去のその時間、その瞬間に戻りその現場で、本当は何が起こったのかこの目で見てみたい、という夢を膨らませました。そんな夢のタイムマシンですが、実はもうすでに存在しているってご存知でしたでしょうか。

何のこと？　と思われたことでしょう。そうなんです。タイムマシンは、もう出来上がっているのです。

それは、ズバリ飛行機です！　それってどういうこと、と思われたことでしょう。実は、こういうことなのです。

今、我々がいるこの時間の日本が「現在」だとします。今すぐ羽田に行き、西に向けて12

時間飛んだとしましょう。着いたのはパリ、華の都です。そこには、あなたが見たことのない商品、日本にはない発想がそこにはあるのです。ここは明らかに未来なのです。あなたが未来であるパリで日本にまだないものを発掘し販売したとしたら…。

想像してみてください。ワクワクが止まらなくなりませんか。今まで、日本で大ヒットした商品を調べると圧倒的にこの未来から持ち込まれたパターンが多いことに気付くはずです。

今や知らないものはいないお掃除ロボット「ルンバ」などが代表的ですね。実は私は十数年前、この商品のプロトタイプをドイツの展示会で見ていたのです。専門分野ではなかったため、手をつけませんでしたがそれが今でも悔やまれます（笑）。

逆に東南アジア方面に6時間ほど飛んでみましょう。アフリカ、南米、東アジアでもなどでもいいでしょう。安価な労賃のよって物が作られ、それに伴い、圧倒的な安価で販売されています。この「過去」には日本やヨーロッパで売られているものと同等、もしくは少し落ちるがさほど違いのない商品が5分の1、10分の1の価格で売られているのです。

つまり過去にいけば圧倒的なコストパフォーマンスが得られるのです。あなたが今扱っている商品が5分の1でもしくは10分の1で仕入れられたら、どんなことになると思いますか。

輸入ビジネスは、ある種「時間差ビジネス」なのです。それぞれの国の進化の速度、発展速度を最大限に利用します。これが、タイムマシンビジネスという意味なのです。

あなたは、どう思われましたか？　チャンスを感じましたか？

まとめましょう。日本にない未来の商品を欲しいときは、未来へ。日本では100円で売っているものを10円で買いたいときは、過去へ。それを現代へ持ち込みます。そして、その商品につける価格は、あなたの自由なのです。

好き勝手につけていい。これが輸入ビジネスの本質です。

展示会での英語による
FACE TO FACE の商談
15ステップ

STEP**2**.

We are from Japan.
日本から来ました

日本人バイヤーであることを最初に明言することが、相手の気を引く最大のポイントです。日本は、世界第３位の経済大国ですので、潜在的に日本との取引を望んでいるメーカーは多いのです。ともすれば日本人バイヤーは、自分、自国を過小評価しがちですが、世界での評価は、我々が思う以上に高いため、堂々と宣言すべきなのです。

日本の品質基準が世界一であると同様に、Made in Japan は人間も同じ扱いです。

このブランディングを利用しない手はありません。

ちなみにあなたは、あなたの組織を代表して、相手に会っているので必ず We を使いましょう。日本語の「手前ども」「弊社」などというような雰囲気を醸し出せるからです。

輸入ビジネスでの障壁の幻想

「輸入ビジネス」と聞いて読者の皆様は何を思い浮かべますか。

ポジティブに考えれば、

・純粋に面白そう

・海外に仕事で行ける

ネガティブに考えれば、

・語学力の問題が…

・様々な手続きの問題が…

というイメージではないでしょうか。

しかし、そういう懸念は意外に問題にならないのです。展示会場で話される言語はほぼ百パーセント英語だけです。ほかの言語を覚える必要はありません。英語についてもある程度のテンプレート的文章、それにプラスして関連する専門用語、貿易用語さえ覚えてしまえば、意外にスムーズに進みます。

そうはいっても、とおっしゃる方もご安心ください。今は優秀な翻訳機がたくさんあります。翻訳機さえあれば誰とでもコミュニケーションできてしまう時代です。これをお守りにしていけばいざという時にも役立ちます。

また英語という言語についてどのようなイメージをお持ちでしょうか。もしかしたら日本以外の全世界の人間が英語を話している、もしくは話せる、という錯覚をお持ちではありませんでしょうか。

でも実際はどうでしょうか。世界人口73・2億人、そのうち、英語を話す人口はなんとたった17・5億人なのです。そして、その中でいわゆる英語を母国語としている人々は3・9億人。つまり英語を話す人は、たった23・9%しかいないのです。多くの外国人にとっても英語は外国語、ということです。

実際に外国に行ってみるとイギリス、アメリカなど英語を母国語にしている国の人以外の英語は大したことない場合が多いのです。

しかし間違った英語、間違った文法でも堂々と話しています。日本人は間違いを恐れ、その結果何も話さないという傾向にありますが英語はツールであり、単なる言語なのです。

そこまで厳密なものではありません、極論すれば伝わればいいのです。日本人は少なくとも中学3年間、さらには高校から大学まで含めると通算10年ほど英語を勉強しているのです。知識としては他の諸外国の人間よりも優れているはずなのです。ですから、何も恐れることはありません。自信を持ってとりあえず海外に行ってみる、これが大事になってきます。

次に手続きの問題がありますね。

確かに、専門的な手続きや書類は数多くあります。しかし実は、実際に輸入ビジネスをはじめ、あなたが扱う必要のある書類はかなり限定されます。また、基本的に書類関係はそれを専門としている人に任せてしまうことが可能なのです。

輸送から保険、税関にいたるまで、それぞれのプロがおり、それを一括してやってくれる業者が存在するのです。

あなたが外国から商品を仕入れる際の事務仕事のほとんどは、その道のプロがやってくれるのです。あなたが最も力を注がなければいけないのは良い商品の発掘とその販売のみです。

つまり、輸入ビジネスといえど基本的には単純に「物販」であると言えるのです。

企業規模が問題ではない!

輸入ビジネスは中小企業でも大企業に勝てるとてもフェアな世界です。すべての人々に均等なチャンスが与えられています。なぜか、に入る前に日本社会はどうなのか、ということを確認しましょう。

日本のビジネスシーンでは名乗る場合に、大企業や中小企業を問わずに、皆一様に自分のことを、「会社名」、「自分の名前」という順番で名乗ることが圧倒的に多いですね。

残念ながら、あなた個人という存在の評価ではなく、会社の看板や会社での肩書が自ずとあなたを評価する第一の物差しになってしまっています。

日本では、実に99・7%の企業が中小企業です。いわゆる企業の「看板」の大きさが物を言うのが、日本のビジネス社会といえます。個人能力ではなくて、所属する会社の規模、看板により優劣が決まってしまいがちです。

そして、物販においては会社の規模によって提示される値段まで違う場合がある、というのが日本での実情なのです。それに比べて、欧米諸国は極めて「フェア」です。国際社会では、会社の規模はそれほど重要視されていません。

あなたの個人スキルがどのくらいのものなのかを問われます。彼らが求めていることは何でしょうか。まず、「長く取引できそうな相手か?」という点です。

海外メーカーは外国と取引する際、基本的には多くの窓口を持ちたがりません。ただでさえ、労力がかかる外国との通信、手続き、輸送を一つの窓口を通してやりたい、と思うのは自然なことだと思います。

つまり、取引相手をいちいち変更をしたくないのです。基本的には数量や条件よりもいかに長いパートナーシップを組めるか、ということを最重要視するメーカーが圧倒的に多いのです。ですから、大企業のように通信する相手がコロコロ変わるシステムよりもオーナーと直接つながることでトップダウンでスピード感を持ってやりたい、と思っているメーカーが多いのです。

こうした心理をうまくついていけば後述する「独占販売権」についても簡単に取得することが可能になるのです。「独占販売権」。魅力的なワードだと思いませんか。これについては第5章で詳述します。

会社の規模でなく個人のスキルで勝負

次に重要なのは「どれくらいオーダーできるのか？」だということです。

しかしながら、これについては驚かれるかもしれませんがヨーロッパのメーカーは最重要視していない場合が多いのです。

まず、ヨーロッパ人は物量よりも先ほど書いた付き合っていっていい相手なのか、長く組めそうかという点を見ながら自分たちの商品を理解し、好きでいてくれているのか？　という点も重視します。ですから、たくさん売ってくれればあとは何でもいいというわけではないのです。特に職人やデザイナーに多い傾向です。

こうした相互理解を深めたうえで「いかに商品をさばいてくれるのか」という点に流れていきます。つまり、このビジネスにおいて重要なのは「情熱」と「愛情」です。

あなたは限定された自分の得意な分野、専門分野、大企業がやらないようなニッチな分野で勝負していくことが望まれます。この情熱と、商品に対する愛情があれば、小が大を食う可能性が多分にあるビジネスなのです。相手は、あなた個人と取引するというイメージが強く、前述の情熱と商品への愛情はもちろんのこと、今後の可能性、能力と取引しているのです。決して企業規模で意思決定しているのではありません。

あなたの秘めた可能性にかけてみたくはありませんか。

展示会での英語による
FACE TO FACE の商談
15ステップ

STEP3.

We are very interested in importing your products.

御社の商品にとても興味があります

最初に条件さえ合えば、取引の用意があることを明言してこちらのフィールドに引き込ましょう。これは、相手にとっては最も魅力的な台詞です。自分たちが、ある種、命を削って製造した商品ですのでそれを、魅力的で欲しいと思っていると言うのだから、相手は抵抗できません。特に、この interested という言葉は、日本語の「興味がある」と違い、ずばり、～したいという意味なのですから。

BtoBビジネスの魅力

今まで読み進めてきてそもそも、輸入ビジネスって何？　と疑問に思われた方もいるかもしれません。大須賀祐ならびに株式会社インポートプレナーが定義している輸入ビジネス®とは「本来の貿易業に由来する本当・本物の輸入ビジネス」のことを指します。

我々株式会社インポートプレナーは巷に溢れる単なるせどりや転売、インターネットでの仕入れなどを駆使した売買の状態を憂い、誤解されがちな「輸入ビジネス®」という単語を再定義しました。

輸入ビジネスとは自らが、莫大なる投資をすることなしにメーカーとなり、そして国内の上場企業、優良企業、さらには国内他メーカー、そして名だたる物販業者をもあなたの傘下に置き、自らの販売部隊として活用できる究極のジョイントベンチャーです。

ジョイントベンチャーとは、複数の企業が相互の利益のために共同で事業を行うことを言います。

今、現在一つの業を興す場合の平均の資本金額は約３００万円です。総務省統計によれば、株式会社の最も多い資本金額は５００万円が目安となると言われています。もし、あなたが店舗を構えるのであれば、その他に軽く２０００万円以上のお金が必要になるでしょう。

物を作るという仕事を選ぶのであれば、工場等の設備で1億以上必要になるでしょう。

あなたは設備投資、新たな人材雇用等のリスクを負うことなく、新たな業を興すことができるのです。

BtoBビジネスの魅力は、ＯＰＭ（other people's money）とＯＰＴ（other people's time）、ＯＰＴ（other people's trust）を大いに活用できる、という点にあります。

先ほど、お伝えさせていただいたジョイントベンチャーの考え方にもつながります。

大きな小売店には大きな店舗があります。さらには、多くの販売員がいます。これを自分で用意しようとしたら店舗代、人件費などの費用とさらには建物の建設、雇用する時間というコストが発生します。

また、土地を買うのにも信用が必要になってきます。自分で用意できないのであれば他人が用意した状況を利用すればいいのです。これがBtoBの考え方と言えるでしょう。

さらに日本にはそこに卸してくれる卸問屋という制度が存在します。そちらには日々小売店に営業をかけ、日本全国に商品を卸してくれる営業マンがたくさんいるのです。

あなたの商品を日本全国にいる営業マン達が営業してくれるのです。社員を自社で雇うと、給料、交通費、社会保険料などの販管費が毎月発生します。

しかし、BtoBであれば自ら多大なコストをかけることなく、相手のリソースを使うことで販路が広がるのです。かつ、その会社の看板という信用を借り、その会社が持つコネクションを大いに活用し、大手の小売店にも商品を並べることができるのです。


実は今我々輸入業者は、商品を売りやすい立場にあります。問屋販売店は基本的には、日々新商品を探していますが、なかなか売る商品が無くて困っているのです。大手の企業は自らリスクをとることを好みません。在庫はリスクととらえているので在庫はなるべく持たないようにしています。

さらには、クレームや商品を使用したことによる賠償責任が起こることを極端に恐れています。そのためのリスクヘッジとして、輸入代理店、卸問屋などをいくつも挟み、責任の所在をあいまいにしている、という事実があります。

そこであらわれるのが責任のとれる中小企業、つまり社長様あなたなのです。ここの部分を担える人材、会社は小売店や卸売業者の数に対して圧倒的に不足しています。輸入、というのは特殊な業界に思われるかもしれませんが新たな商品を発掘する能力、その部分を責任もって対応してくれる人材が必要とされているという現状があるのです。

展示会での英語による
FACE TO FACEの商談
15ステップ

STEP 4.

Would you be interested in promoting your goods in Japanese market?

日本市場で御社の商品の販促することに関心がありますか?


この一連の切り出しは、相手を一瞬にしてその気にさせる魔法のフレーズです。まず日本から来たことを告げます。日本は世界第3位の経済大国であり、全てではないにせよほとんどのサプライヤーは、日本との取引を望んでいます。

次に相手の商品に興味があることを告げます。これは、輸出商に限らず物販業者であれば、最大の讃辞です。

さらに、サプライヤーの商品を拡販してもいいと提案しているため日本に販路を求めているサプライヤーにとって断ることが不可能なオファーとなっています。私自身も、このステップで歓迎されなかったことはほとんどありません。

このステップの最高に優れている点は、YESでもNOの場合でもわずかな時間でお互い取引の可能性が、一瞬にしてわかることなのです。可能性のない相手に、いつまでもかかわらなくて済むという点なのです。この質問によって明確になります。

時間が限られている展示会の性格上、できるだけ多くの相手と可能性を探っていくためには、強力なツールなのです。

商品は展示会で見つける！

先ほど飛行機という、タイムマシンに乗って過去と未来に行く、という話がありましたね。乗ったはいいけど乗った先でどうすればいいの、行った先でどうすればいいの、とお思いでしょう。

ズバリ、展示会に参加する。これが最も手っ取り早いのです。でも、展示会なんてプロじゃないと参加できないんじゃとお思いでしょう。

心配いりません。

展示会は登録しさえすれば、たとえ一個人でも参加できてしまうのです。

そもそも、展示会とはどういうもの？　こんな疑問を持つ方もいらっしゃるでしょう。

基本的には「インテリア」や「電化製品」、「ファッション」、「おもちゃ」、「車」等、様々なジャンルに分かれて世界各国、毎日といっていいほどどこかしらで開かれています。

そこには、新商品がずらりと並んでいます。日本でも、東京ビッグサイトや幕張メッセ等で開催されており、2000社から3000社のブースが所狭しと出展しているのです。ニュースでも「おもちゃショー」や「ゲームショー」など日本の展示会が取り上げられているのを見たことがある方も多いでしょう。

ああいった新製品だらけ、技術力の発表の場に自ら飛び込むのです。ほしいものだらけだとは思いませんか。自分の好きなジャンルのものがずらりと揃った中を歩き回り、それを実際に日本に持ち込んで販売するのですから、こんなに夢のあることはありませんね。そういった展示会に一歩足を踏み入れてほしいと思います。

最初は大きめの展示会にご参加されることをおすすめします。でも、規模感や雰囲気もわからないのにどうやって探せばいいの？　とお思いでしょう。見本市を探す手段としては、まずジェトロ（日本貿易振興機構）が提供している「J-Messe」がおすすめです。

アジア、欧州、その他海外の見本市が網羅されており、ジャンルや出展社数、来場者数が記載されているので好きなジャンルの大きい展示会が一目でわかるようになっているのです。

それを参考にして、行く展示会を決定するのがいいでしょう。

海外の見本市に行く際は、必ず英文名刺を作ることです。そして名刺には屋号や会社名、名前、住所、電話番号、メールアドレスを入れることです。電話されたくない、という場合はメールアドレスのみでも構いません。必ず、サンプルを送付してほしい住所、連絡してほしい連絡先は記入するようにしてください。

英文名刺を作り、自分の好きなジャンルの海外の見本市を調べて、商品を探しに行く――輸入ビジネスとはいえ、仕組みとしてはとてもシンプルな構造になっているのです。

ここまで本書を読んでいただいたあなたなら、このビジネスの魅力が存分に感じられたのではないでしょうか。

第2章

展示会への参加

「日本人」ブランドを最大活用する

海外の展示会にいくと、我々が日本人だということだけでひとつのブランドだ、ということを肌で感じていただけると思います。どういうことか、ということを追って説明していきますね。

まず、日本は世界第3位の経済大国ということです。これはアメリカ、中国に次いで第三位です。しかも、上位二か国と日本は人口において大きな開きがあります。

この人口比におけるマーケット規模は非常に魅力的だと言えます。

さらに人口自体も多く、約1億3000万人も潜在顧客がいるマーケットです。これは世界11位の数字です。これだけの巨大マーケットですから、誰もが日本市場と取引したいはずです。

また、日本人は金銭的な面で非常に信頼度が高い上に、人間的にも勤勉で、礼儀正しく、嘘をつかない。もちろん支払いも期日を守るし、もめごとを好まず、あまり交渉もしてこない。ですから日本人だといった瞬間に非常に喜ばれるのです。

また、日本製品への信頼も非常に高くメイド・イン・ジャパンといえば、欠陥品の少ない世界最高水準の品質の高級品というイメージが出来上がっています。

海外のバイヤーで日本製品をけなす人はいません。つまり、マーケットの魅力と人種的な魅力を兼ね備えているのです。「日本人」であるというブランド、これを使わないと損なのです。日本人というだけですでに有利な立場にあるのが現状ですから、ぜひとも外に出向いて行って欲しいのです。

日本は「一国だけで完結している孤独な文化圏」と言われています。それだけ国内に何でもあって恵まれた国だ、とも言えるのですが、その恵まれた環境のせいか、外国に出向くことをあまり好まない傾向にあります。その証拠に、今現在の日本国民全体のパスポート所持率は約24%と世界的にも非常に低い水準にあるのです。この事実には驚くのではないでしょうか。

島国ですので、大陸のように気軽に外国に行けない、という問題もあるでしょうし、言葉の問題もあるかもしれません。日本で十分、とお思いになられている方も多いのではないでしょうか。ただ、世界にひとたび出ていくとまだまだビジネスチャンスに気づかされます。これを活かさない手はないのです。

私のミッションは「日本人の国際競争力、国際的価値を世界ナンバーワン」にすることです。この日本人への信用と日本人の低いパスポート所持率をチャンスと考え、社長様にはぜひとも海外に飛び出して行って欲しいと思っています。

展示会での英語による
FACE TO FACE の商談
15ステップ

STEP 5.

Do you have any customers in Japan?

日本に顧客はいますか?

この言葉の中にはいろいろな意味合いが含まれています。これに対する答えは、YESとNOの2つしかありません。なぜこの質問が重要なのか、答えによって2つのことがわかるからです。

まず1つ目。答えがYESの場合、彼らは、世界一高い日本の品質基準を熟知していることがわかります。NOの場合は、彼らに日本の高い品質基準を理解させなければならないことがわかります。日本国内にいるとあまり感じませんが、日本以上に品質基準が高い国はないのです。日本に輸入した商品に対するクレームの理由は、品質の場合が多いです。日本の基準が、他国に比べてはるかに高いから起こってしまうことです。そう言った意味でこの質問は、外すことができないステップとなっています。次に2つ目。YESの場合は、そのサプライヤーは日本に顧客をすでに持っていると考えられるので、独占販売権の交渉は難航します。逆にNOの場合、現在日本に顧客がいないので独占販売権の交渉に応じやすくなります。YESとNOでは、交渉の仕方が変わってきます。もし、相手がNOと言ったとすれば、チャンスです。独占契約の方向で商談を進めることが容易になります。

返事がYESの場合、次のステップは、どの程度日本と取引があるのかを探ることが必要になります。ライバルが多い場合、うまみのない商売になる可能性があるからです。

簡単なセリフですが、YES と言われた場合に商談の中で最も重要な質問でもあります。

海外展示会の実態を知ることから

国際的な展示会の70％から80％は、ヨーロッパで毎年ほぼ同時期に定期的に開催されています。展示会は、一種の「展示会産業」と言われる分野を形作っているのです。

そして、その数多くの展示会でも約80％は、ドイツで開かれています。まさに、ドイツは、King of Exibitionと言えます。そのドイツでも、フランクフルトで開催される世界最大の消費財の展示会「アンビエンテ」は、敷地面積は、圧巻の592，127㎡。

皇居がその敷地面積115，000㎡ですから、約5倍の面積を誇っています。さながらひとつの街を形成していると言っても過言ではないのです。

そしてその展示ホールだけでもなんと190，000㎡！　東京ドームのグラウンドが13，000㎡ですので、ドームのグラウンドおおよそ15個分です。驚きですね。出展社数は、世界80ヶ国内外から5000社、来場者は15万人と圧倒的な規模で開催されています。

普通に回っても2～3日はかかります。1号館からじっくり見て回ろうと思えば、1週間でも終わらないでしょう。ですから、まずは会場にある「ホール・プラン」という会場の見取り図をとりましょう。

　それを、見ながらどこのホールでなにが重点的に展示されているのかを確認して、興味がありそうなところから見始めていくのがおすすめです。

「ホール・プラン」には、会場全体のレイアウト、各ホール（ビルディング）で出展されているおおまかな商品分野や商品群が記載されています。それを見て、おおまかな攻略法を考えてから、発掘にあたってください。

ドイツのメッセフランクフルト

実践講座の模様

海外展示会場の一部

展示会を選ぶ基準は？

展示会に行くのが最も効率的だということは分かった、ただ実際行くためにはまず何をしたらいいの？　とお思いでしょう。ここからは実際に展示会に参加する方法をお伝えしますね。

そもそも、展示会って専門業者しか参加できないんじゃないの？　とお思いの社長様、ご安心ください。展示会は事前に登録しさえすれば、だれでも参加できてしまうのです。

登録自体も全く難しくありません。会社名等の必要事項を英語で記入し、入場料を支払うだけなのです。

この時点であなたはバイヤー、という立場になることができます。行きたいけど、一体どういう基準で展示会を選べばいいのか、とお思いでしょう。私としては最も規制が少なく、幅も広い一般生活消費財の展示会からスタートすることをおすすめしております。展示会規模に関しては最初の場合、なるべく大きな展示会に参加しましょう。

規模や感覚をつかんだ後、ご自身の専門分野や好きなこととの展示会に参加していくのがいいでしょう。

こうした手順を踏めば行ったけど何も得られなかった、ということがなくなると思います。大きい展示会とは目安として2000社以上の出展者がいるものが該当するでしょう。このあたりを目安に展示会選びをしてください。

展示会の探し方としてはJETROが提供している「J-MESSE」というサービスが便利です。これは世界中あらゆる展示会を網羅しているサイトで、カテゴリーを選択するとそのジャンルの展示会が時系列順に表示されます。ここには出展社数や来場者数などおおよその情報が載っているので非常に参考になります。

その中から行きたい展示会を選び、リンクから飛べば申込みページにつきます。簡単でしょう？　ただ、アジアの展示会で稀にあるのですが、本業が物販等とあまりにもかけ離れている場合、主催者側が「何をしに来るのか？」「参加する展示会を間違えているんじゃないか？」と心配してメールを送ってくる場合があります。

これが来たからと言って参加できないということはないのですがやり取りが面倒な場合、基本的に参加する際は物販、もしくは輸入業というカテゴリーを選択し参加されることをおすすめします。

それ以上、聞かれることはないので先の説明で問題ないのですが、気になるとおっしゃられる方は別な屋号を持つか、もしくは輸入事業部などを表記し、別事業部での新規ビジネスという見せ方にするとすっきりされるかと思います。

参考までに、一般生活消費財の展示会としてはドイツ・フランクフルトで行われる8月の「tendence」、2月の「ambiente」。フランス・パリで9月と1月に行われる「maison et objet」、香港で行われる4月の「ギフトアンドプレミアム」、「ハウスウェアショー」10月の「mega show」などが挙げられます。

その他の業界の展示会については先述した「J-messe」をご活用ください。これで参加する展示会については問題ないかと思います。

英文の名刺を作ろう!

さらにもう一つ大変重要なアイテムがあります。それは英文の名刺です。英文の名刺なんて作ったことないよ、という社長様のために基本的な名刺の作り方をご説明します。

まず、会社名や役職、個人名はもちろん必須ですね。本業が全く別分野の場合、ホームページを載せてしまうとそれを閲覧された際、メーカー側に誤解や混乱を与えてしまう場合がありますので、基本的には記載しない方が無難でしょう。もちろん、物販等ですでに何年、何十年と実績のある社長様に関しては大いに載せてそれを自身のアピールポイントにしましょう。

電話番号に関してはごくまれに緊急案件などで電話をしてくる場合があります。語学が堪能な社長様、もしくは社員様がいれば全く問題ありませんが語学に自信がない場合、記載しておかないという手があります。

そして、重要なのがサンプルや商品を送るための住所です。海外のメーカーは確認せずに記載している住所にサンプルを送ってきたりすることがあります。たとえば、自宅がオフィスという場合には前もって届けてほしい住所を伝えるか、あらかじめ倉庫の住所を記載しておきましょう。これを記載しなければ一瞬で怪しい業者へ様変わりします。

そして、最も大事なのがメールアドレスです。これが記載していないと相手は名刺をもらったところでコンタクト先がわからず、そのまま機会を失ってしまうことにもなりかねません。必ず記載するようにしましょう。

この場合もヤフーやGmailなどのフリーメールではなく、独自ドメインの会社名が入ったものがマストです。

なぜか？　相手の立場に立ってみた場合にフリーメールが記載されていると明らかに個人レベル、もしくはそれに準ずるものに見えてしまいます。つまり取引におけるもっとも重要な要素である信用に欠けてしまうからです。

事実はそうでなかったとしても、第一印象でそう思われてしまっては若干の違和感をぬぐいきれなくなってしまいます。せっかくの出会いも台無しになってしまう恐れがあります。

こういった場合に大切なことは相手からどう見えているか、です。これを常に念頭に置きながら何事にもあたるのが大切になってきます。

――英語の名刺（屋号の入ったもの）――

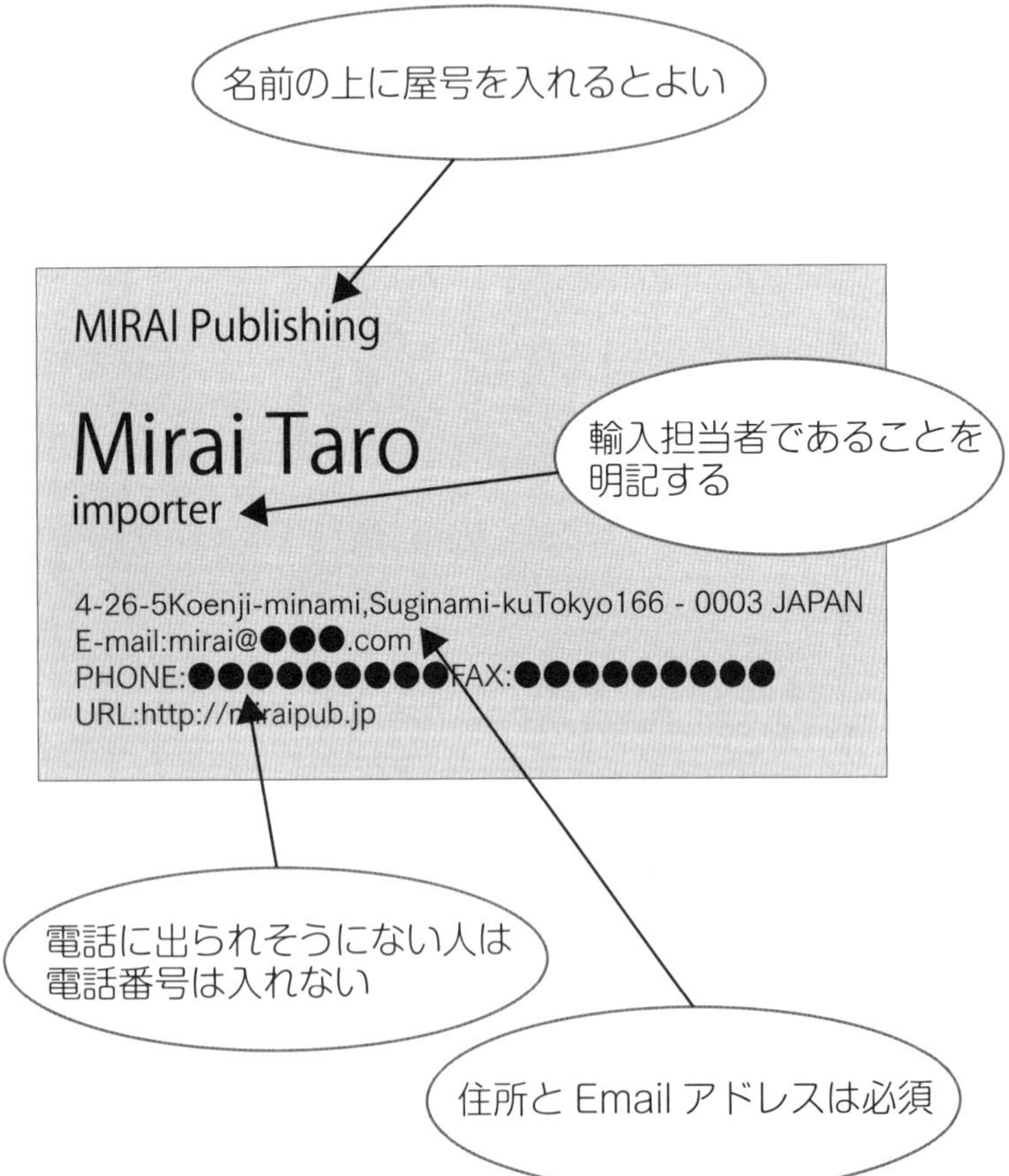

まずはサンプルオーダーから始める

さて、展示会に参加する意義はお分かりいただけたと思います。では、行った先で何をすべきか？　これも当然の疑問ですね。

それでは、まず展示会でいきなりやってはいけないことからお話ししましょう。

展示会でやってはいけないこと、

それは「いきなり注文をすること。」です。え、注文しないの？　とお思いでしょう。

そうなのです、いきなり注文するのは失敗のもとなのです。

ある商品を気に入って、ぜひ日本に輸入したいと思っても、それはあくまで主観であってその商品は現段階で日本市場に受け入れられるかどうか、わからないわけですね。

その状態でオーダーをしてしまうとそれが受け入れられなかった場合、それがすべて不良在庫となってしまいます。こういったリスクは極力避けるべきなのです。このミスは輸入を始めたばかりの方が犯しがちなミスなのです。

現に私も最初のころにやりました（笑）。


では、まず何をすべきなのか？　それはサンプルオーダーです。

まず、数個のサンプルを輸入し、テストマーケティングをすることです。この反応を見ていける、と踏んだ場合のみ本オーダーに踏み切るのです。これでリスクを最小限に抑えることが可能となるのです。

テストマーケティングについて詳しくは後述しますが、すでに販路をお持ちであればそのお客さんに見せるのが最も手っ取り早いです。これであれば、即受注につながる可能性もあるのです。


また、サンプルがあれば実際の品質や機能の確認ができ、それを手元に置いておくことで後々のオーダーの際の商品品質の照合にも役立つのです。

売る側も最初はサンプルオーダーが当然だと思っているので何の違和感もなく、商談が進むはずです。

とはいえ、「商談は英語でしょう、英語に自信がないよ」とおっしゃる社長様。ご安心ください。最悪でも、やり取りはメールでできてしまうのです。

サンプルのオーダーをする、という注文行為さえしてしまえば相手はあなたをお客様として認識しますので、その後の詳細なやり取りについてはメールでやればいいのです。

オーダーをするとinvoice（インボイス）と呼ばれる請求書が届きます（巻末のサンプル参照）。極論を言ってしまえばそれを持って銀行に行き。海外送金をすればサンプルは届いてしまうのです。

輸送の手続きはこちらでする場合もあるのでご注意ください。

また、海外送金については大きな支店などでしか取り扱っていない場合もあるので自社の取引銀行に事前に確認しておくのがいいでしょう。

そもそも、サンプルって何に使うの？　とお思いになったかと思われます。

サンプルは、お客様の声を聞くためのツールであり、テストマーケティングで利用するために利用します。どんなにあなたが気に入っていても、誰も買ってくれなければ、その商品は不良在庫になってしまいます。

本格的にオーダーを始める前に品質のチェックと市場性を確かめる双方の意味合いにプラスして、メーカー側にお客として認識してもらう方法でもあるのです。

これも極端に言ってしまえば、見本市に行って、輸入したいと思う商品を見つけたら、挨拶をして値段を聞き、サンプルを注文します。細かな交渉は日本に帰ってからメール、という形にしてしまえばいいのです。

展示会での英語による
FACE TO FACE の商談
15ステップ

STEP 6.

How many customers do you have in Japan?

日本の取引先は、何社ありますか？

日本文化においてはダイレクトな質問だと感じるかもしれません。しかし文化の違いか、こうした質問には意外にあっさり答えてくれるのです。これでだいたいの競合具合がわかります。

取引相手との人間関係を最優先する！

展示会ですべきことはわかった、では実際どう回ればいいのか？　という点にもお答えしていきましょう。

一般生活消費財の見本市であればリビング、ダイニング、インテリア、エクステリア……など、大体のジャンルごとに区分けされています。

マップを見て興味のあるジャンルを選び、その建物を隅から隅までグルっと回ります。

その中で興味のある商品やブースがあればブース番号を書き、リストアップしておきます。

一通り、見終えたところで実際にチェックしたブースに入っていきます。

そこで聞くべきなのは「価格」や「納期」、「支払い条件」等です。難しければ「価格」だけ確認できれば最悪でもＯＫです。

ただ、このほかに最も確認すべきことがあります。それは、取引相手の印象です。

これから長くパートナーシップを続けていく相手です。人間性やコミュニケーションの齟齬があればビジネスも同様にうまくいかないものです。「価格」や「納期」などは交渉次第で何とかなる場合も多いですが、人間関係だけは何ともしがたいのです。

また、感じのいい相手というのは往々にしてオーナー、もしくは決裁権者であることが多いのです。

ここと直接つながることでその後の商談もスムーズに進むのです。この人間関係の部分を最優先にし、あとは交渉という形がベストです。人間関係さえできてしまえば、相手もむちゃくちゃなことはいってきません。

人間同士ですからね。ここをつかんでしまうことがビジネスの成功のコツの一つです。

また、「急いては事をし損ずる」という言葉があるように結果をすぐに求めすぎないことも大事です。展示会場では気分が高揚し、新鮮なモノを見続けているので気持ちが舞い上がってしまっています。その瞬間はいい！　と思っても冷静に見る時間も必要です。冷静になってみると日本にあった、類似品が他のブースにもあった、値段が合わなかった、ということはよくあるのです。そのため、いくつか候補を挙げておき、同時に商談しておく必要があるのです。

後述しますが、私は基本的に日本での「独占販売権」を取得する、という強力な方法をとっています。

早くしないと誰かに取られてしまうのではないか、と思う気持ちもわかりますが、そこで焦るといい結果を生みません。大枠で合意をとった上でテストマーケティングをし、いけると踏んだ場合のみ、本契約をするのです。そうすれば、お互いにリスクが少なく済むのです。

展示会での英語による
FACE TO FACE の商談
15ステップ

STEP7.

We would like to do business with you on an exclusive basis as to the items we will select (have selected), if possible.

可能なら、せめて我々が選んだアイテムについては、独占販売権ベースで取引したいのですが

サプライヤー、メーカーの全商品に独占販売権が欲しいというのなら難しいかもしれません。しかし、選んだ商品に関しての独占販売権の要求は、ほとんどＹＥＳを引き出せてしまいます。

ここまでくれば、あとはセオリー通りです。サンプルを要求し、日本で反応をみた後に本契約に持っていけばいいでしょう。

あなたの商品を真似されない技とは？

輸入ビジネスは時間差ビジネスという理論からすると、未来からの商品、つまり欧米からの商品は、機能やデザイン、コンセプトが独創的なので、ヒットすると真似される宿命にあります。そういった前提に立って、発売前に対策を打っておきましょう。

1．独占販売権を取得する

これが最も強力な方法です。これがなければ、物真似どころか同じ商品がライバル社に販売される恐れがあります。可能な限りこの権利を獲得する交渉をしましょう。交渉のコツについては第5章で詳しく説明します。

2．特許権、商標権、意匠権などの知的財産権を登録する

海外のメーカーの持つ各権利を日本の特許庁へ出願、登録してほしい旨をメーカーに対し、

依頼する方法があります。これによって類似商品の販売を禁止、防止できたり、もしくは出回るのを遅れさせることができます。

ただ、ここで注意していただきたいのは自分自身で出願しないことです。あくまで、こういった権利はメーカーのものであり、あなた自身の権利ではありません。これを勝手に出願してしまうと後でもめる原因となりますので、あくまでメーカー主導で行ってもらうようにしましょう。

あなたが海外から新商品を輸入する段階で事前に意匠権等を調べておくと

・安全に商品の販売活動ができる。
・商標権侵害・意匠権侵害と言われて、販売機会を逸することを回避できる。
・第三者との無用・無益な争いやその心配を回避できる。
・競合他社に先に商標権等登録をされることで生じる、販売差し止めを防ぐことができる。

上記のことなどが可能となります。

また、輸入前に事前調査しておくことで、こういった権利関係に関し、メーカーへ様々なアドバイスもすることが可能になります。

こうした改良案等を助言することでメーカーとの信頼関係も築くことが可能となるのです。

第3章

商品の選定、発掘

相手に売るのは「信頼」と「価値」

私は常々、「輸入ビジネスとは商品を介した人間関係の構築だ。」ということを皆さんにお伝えしています。BtoBで商品を選ぶ側、つまり小売店のバイヤーにとって最も大事なのはこれでなければならない理由なのです。

今の時代、それでなければならない理由、つまり他商品に対する差別的優位性がない商品というのは販売力が弱くなりがちです。これを探すことがビジネスのキモとなるのですが、その一つの解決策となり得る事柄、それが実は「人間関係」なのです。「あなた」という人に魅力を感じてもらう、「あなた」のセンスに信頼を置いてもらう、というのが最も商品を売りやすくする方法なのです。

それさえできてしまえば商品そのものよりも「あなた」から商品が買いたい、という気持ちにさせることができるのです。すべてのお客様が求めているのは商品そのものではない、ということです。

では何でしょうか？　ズバリ、あなたとの「提携」なのです。

ということは、つまり、究極、商品は何でもいいということなのです。この部分は覚えておいて下さいね。

差別的優位性を伝えられる商品を選ぶ

とはいえ、「商品力がないとその土俵にも立てないいんじゃないか？」という社長様のために商品選びのヒントとなる考え方をお伝えしたいと思います。

品質がいい、価格が安い、というのは売りになりません。まず、いいものは売れるとお考えの方は多いかと思います。ただ、本当にそうでしょうか。

日本の技術力は世界一だと言われています。ですが、その高い技術力が見つけられないまま、潰れてしまっている町工場が非常に多いのはご存知でしょう。

もはや品質がいいのは当たり前になっているのです。ですから、そこよりもその商品にはどういう魅力があるのかということを伝えなければならないのです。先ほどもお伝えした「差別的優位性」、これをうまく伝えられる商品を選ぶことが重要なのです。質がいいかどうかは問題ではないのです。

また、価格が安いというのも売りにはなりません。価格が安い商品というのはたくさんあります、下を見れば見るほど無限にあるのです。そこと勝負しようとして、中途半端に価格を下げると価格の安さも中途半端、商品の魅力も中途半端なものになってしまいます。

さらには利益も減少、経営の圧迫と全くいいことがありません。高くても売れる、高いから欲しい、というような商品を選ぶことがコツと言えます。

展示会での英語による
FACE TO FACE の商談
15ステップ

STEP 8.

Well, Japanese market is smaller than you expect. We do not like a hard competition in such a small market. As you know, this does not give you any benefit after all.

日本の市場は、御社が考えているほど大きくない。我々にすれば、そんな狭いマーケットでの競合は好ましくない。あなたも感じているように、そんな状況では結局御社のメリットにもならないだろう

一方、NOと言われた場合の手順もお話します。まず独占販売権付きの契約を、大筋で飲ませなければなりません。

我々の要望がすなわちあなたのためになるということを感じさせるのです。やる気のあるサプライヤーであれば、これでかなりの確率でYESを勝ち取れてしまいます。これさえ合意できれば、あとのステップは前述と同様に進めていけばOKです。

自分が大好きなものを扱う

まず、前提として好きな商品、これであれば自分は情熱を持って扱えるという商品を選ぶことを圧倒的におすすめします。なぜならば、好きでないと見えないものの良さ、他商品より優れている部分というのが必ずあるからです。

何の知識もなければ見逃してしまいそうなちょっとしたポイントこそ、その商品の最大の魅力であったり、差別的優位性だったりするものなのです。

好きであれば、商品についてより詳しく知ろうとし、結果としてそれがメーカー側にも伝わり、より深い考えやコンセプトを引き出すことができます。こういった熱が商品説明をより詳しく深いものにしていくのです。そういう情熱を見せることでバイヤーにもこの商品のスペシャリストである、と認識され信用を獲得しやすくなるのです。

好きな商品をやるべきだ、というのは個人的に興味のあるジャンルに絞って取り扱うという意味であり、上記のような考えからきているのです。

・コスト面から考える

さて、次にコストという観点から見てみましょう。主観的にモノを見た場合、輸送のコストは抑えたいと考えるはずです。その際に大事になってくるのは「CLV」です。「CLV」というのは compact、light、value、の頭文字からとっています。

つまり、サイズが小さく、重量が軽く、価値のある商品というのがコストを最小限に抑え、利益を最大化できる商品のひとつである、と言えるのです。価値という部分がそれぞれの得意分野であれば見つけやすく、値ごろ感も演出できるということにもなります。

展示会での英語による
FACE TO FACE の商談
15ステップ

STEP 9.

We would like you to send us some samples so as to discuss with our customers about your products.

あなたの商品を拡販するために、サンプルを提示しながら顧客とディスカッションがしたい。いくつか送ってほしい

本来ならば、自ら日本に渡り、プロモーションをしなければならないのに、あなたが代わりにやってくれるというのであれば、相手にとって魅力的なオファーであることは間違いありません。
しかも、あなたは日本にたくさんの取引先を持つことを暗に示すような言い回しをしているため、相手にも好印象を与えることができるのです。

現在のビジネスと絡める

すでに本業をお持ちの社長様であれば、現在の販路、現在のビジネスに絡めた商品選びというのも重要になってきます。そうすれば、ビジネスの方向性を大きく転換することなく、スムーズに輸入ビジネスを導入することが可能だからです。現在の販路が活かせれば、販路に割く時間やコストが大きく削減できます。

つまり、商品さえ見つけてしまえばすぐに売上げが確保できてしまうのです。でも、現在ものを売っているわけでもないし…、とおっしゃる社長様も多いと思います。

ご安心ください。現状のビジネスにおいてご自身が必要だと思うもの、あったらいいなと思うものを思い浮かべてみてください。それは現在の取引相手にも必要なものなのではないでしょうか。

もしくは、直接調査し、今何が欲しいのか、というニーズを吸い上げる方法もあるかと思います。それを探してくれれば、その人は確実にお客になります。こういった現在のビジネスに絡める方法であれば、すぐに始められ、販路がある状態ですのでお客が欲しいものだけに特化することも可能になってくるのです。

また、この輸入ビジネスには「仕入れ値と売値の差益」だけではない、目に見えない大きなメリットがあります。これは、主として、社長様が、製造業、メーカーの立場であれば顕著になります。

部品、製品を輸入すれば、国内生産のコスト高を回避し、同時に生産能力を補充することになります。部品や完成品の調達先が分散されることにより、安定供給が可能になり、品ぞろえも充実するのです。どういうことか、表を作ってご説明しましょう。

展示会での英語による
FACE TO FACE の商談
15ステップ

STEP10.

Please let us know the price.
価格を教えてください

How much とともに価格を聞く時の最もポピュラーな言い回しとなっています。
プライスは、あなたの市場戦略そのものです。しっかり確認しましょう。
それから、let us（動詞）は〜してくださいという意味として頻繁に使われる便利な言い回しです。
しっかりマスターして大いに使ってください。

今扱っている商品をそのまま海外で作る

輸入ビジネスの魅力は日本にない商品を持ってくることだけではありません。もし、あなたが現在自社で商品を作っている、日本のメーカー商品を販売しているのであればそれに似た商品を海外で作って販売する、という方法もあります。人件費が安い国で作れば同じようなクオリティーの商品の原価が半分から1／3くらいにまで抑えられるようになるのです。

日本製が売りの商品なんだけど…とおっしゃる方もいらっしゃるかもしれません。ですが、今はどこの国で考えられた商品なのか、どこでデザインされた商品なのか、ということも重要視されています。責任の所在さえはっきり明記しておけば designed in japan などの表記にすることも可能です。

つまり、販売しているのがどこの会社なのか、ということをハッキリさせればこういった表記も可能になるのです。ただ産地を聞かれた際は、はっきりお答えくださいね。

― 御社の利益を11倍にする魔法の公式 ―

売上高	1億円	1.1億円	1億円	9000万円
原価	6000万円	6600万円	3000万円	6000万円
粗利	4000万円	4400万円	7000万円	3000万円
一般販売管理費	3700万円	3700万円	3700万円	3700万円
営業利益	+300万円	+700万円	+3300万円	−700万円

仕入れる場所、作る場所を変えるだけで仕入れが、半額、もしくは1／3くらいになるとどういうことが起きるのか？　もし、あなたの売上げがたとえ1円もアップしないとしても利益は11倍から～20倍くらいまでアップするのです。

上表をご覧ください。売上げが10パーセント伸びたとしても、御社の利益はたった2倍にしかなりません。一方輸入ビジネスというスキームを使って、御社の仕入れを半額にしたとしましょう。

すると驚くなかれ、御社の利益は11倍へと驚異の伸びを見せるのです。

日本市場にあったニーズ、ウォンツの高い商品をＯＥＭ委託生産する

また、すでに取引先がある、もしくはこれから見つけていく場合にＯＥＭを打診される可能性もあります。ＯＥＭとは、Original Equipment Manufacturing の略です。直訳すると「自社の製品を製造する会社」となり、〝製造メーカーが他社ブランドの製品を製造する〟ということを指します。

たとえば、ある会社が自社のノベルティとしてあなたの商品が欲しい、だからあなたの商品にウチのロゴマークを入れてくれ、といったような依頼が典型的なＯＥＭです。基本的にその会社のロゴが入った商品というのはその会社にしか売れませんから全量買取となります。これは非常に魅力を感じていただけると思います。

しかも、意外とあるオファーなのです。こういったオファーがあればぜひ乗っかるべきです。

OEMの相手国（依頼先）としては、以下のような国があります

中国、バングラデシュ、ベトナム、カンボジア、タイ、マレーシア、インドネシア、インド、ミャンマー、フィリピン、トルコ等

その際、重要な事として、そのオリジナル商品を他の国や日本のあなた以外の他社には「絶対販売しない」旨の契約書を交わしておくことを忘れずにしてくださいね。

展示会での英語による
FACE TO FACEの商談
15ステップ

STEP11.

Also let us know MOQ.

ミニマムオーダー（最低受注単位）もお知らせください

これは、最小受注単位を教えてほしいという意味です。
海外では、最小卸数を指定するところもあるので、確認が必要となります。ちなみにMOQとは、minimum order quantityの略です。単にminimum orderでも通じます。

日本にはない「アイデア、技術、サービス、ノウハウ」を発掘して紹介する

形のあるものだけが、商品ではありません。消費者にとって売買する価値のあるものであれば、それは商品なのです。たとえば、海外の進んだマーケティングスキル、海外本の著作権、ソフト、信用照会サービス、金型製作、フランチャイズシステム、コンサルティング手法、特許権、テーマパークなどなど、周りを見回せばたくさんあります。

代表的なものをいくつか挙げていきたいと思います。

まずは、皆さんもなじみの深いであろう出版業界を見てみましょう。翻訳本というジャンルがありますが、海外の優れたノウハウや手法が書かれたビジネス本、もしくは海外でヒットした小説を日本に紹介する、あれもまさに輸入ビジネスの一つの形です。

ただ、出版業界は特殊で、作者名とだいたいの内容に出資する形となっており、投資的な意味合いが強いものになっています。また、外国の著名な人物を呼んでセミナーを開く、海外のミュージシャンを呼んでライブを開くというのも立派な輸入ビジネスです。

よく○○が来日！　という広告やＣＭを目にされたことがあるかと思います。こうした人達は自身が単独で来ているわけではなく日本側の主催者がおり、その会社や人が出演交渉をし、条件交渉をしたうえで来日しているのです。これも主催者側にとっては一種の輸入と言えます。

まだまだ例が挙げられます。

さて、あなたは「キッザニア東京」という施設をご存知でしょうか？　子供が様々な職業を体験し、施設内通貨を稼ぎ、それを使って遊びながら資本主義経済を学べるという新感覚の面白いテーマパークです。

この施設はもともと、メキシコで誕生しました。このコンセプトに目をつけられた日本人の方が日本にそのコンセプトを輸入したのです。こういったことも輸入ビジネスの一種、だと言えるのです。

今や、誰もが知っているあの「ディズニーランド」も、コンセプトそしてはソフトを含めて今や本家アメリカをもしのぐ存在になっているのは、あなたも周知の事実ですね。

さらにはセブンイレブンに至っては、なんと本家のアメリカがその傘下である日本のセブン＆アイグループの子会社になってしまったという事実は、記憶に新しいことでしょう。

リスクのある商品は避ける

商品を発掘する際に気をつけなくてはならないのは、様々な法律です。法律で禁じられている商品を扱わないためにも事前にある程度の法律を知っておく必要があります。

また、禁止はされていないが、検査などのコストがかかる商品もありますので同時にお伝えさせていただきます。

まずは最も気を付けてほしい法律は**薬機法（旧薬事法）**です。

これを扱うには免許が必要となり、違反すれば最悪逮捕されることまであり得るものです。健康にいい、免疫力が高まるなど具体的な効果を謳う商品は法律に抵触する恐れがあります。また、治療効果を狙っているものは、薬関係でなくても抵触する恐れがあるので効能を謳う商品は極力避ける必要があります。どうしても扱いたい場合は代行業者を使う方法があります。

次に**植防法**です。

日本国内への病害虫の侵入を防ぐために、特定の地域における特定の植物の輸入を禁止する国内法であり、植物に付着する土や包装物も検疫の対象になり、検疫を義務付けられています。

私自身、ガラス製のボディにドライフラワーが入ったおしゃれなテーブルランプをスペインから輸入しようとして、港で止められてしまったことがあります。密封されていたとしても検疫の対象となる場合がありますのでご注意くださいね。

次に**電波法**です。

最近、Wi-Fi や Bluetooth など電波を使用する製品が増えてきています。こういった製品を輸入すること自体は禁じられていませんが、扱う場合に技術基準適合証明というものを得ることが必要になってきます。これは国が定める検査機関にて検査をし、証明をもらえば販売可能になりますが検査費が必要となります。

電波法は輸入者でなく、使用者に罰則が科せられるため絶対に検査をしてくださいね。

知らずに販売してしまった、では済まされない事態になります。

また、コンセントがついている商品も注意が必要です。コンセントというのは海外と日本で仕様が異なります。そしてボルト数は100ボルト。100ボルトを使っているのは、日本と韓国程度しかありません。つまり大概の国の電化製品は、そのままの仕様では使えないのです。

輸入ビジネスに慣れていないと、デザインばかりに気を取られて輸入し、こうした点をうっかり見逃してしまいがちですが、日本で使える仕様になっていないので、そのままでは国内で販売できません。

さらには日本には電気用品安全法（ＰＳＥマーク）という法律があります。これをクリアしない限り販売ができないので、コンセントのついた商品は初心者にはおすすめできないのです。

動植物や薬、電波を発する物に関する商品に最初からチャレンジするのは危険、ということだけはくれぐれも覚えておいてくださいね。

初心者が避けたい商品

ここからは法律で規制されているわけではありませんが、最初にやるにはハードルが高い商品の特徴についてお伝えさせていただきます。

ズバリ、重い、大きい、壊れやすい、白いです。

一つ一つ解説していきましょう。

重い、大きい。

これはもちろん輸送料の問題ですね。輸送の際は重量、もしくは容積によって金額が決められます。単純に言えば大きければ大きいほど、重ければ重いほど輸送コストが高くなります。また、そういったものは必然的に商品単価も高いでしょうから、最初から扱うにはかなり力が必要になってきます。

代表的なものとして家具や家電、什器などが挙げられます。できれば、最初のうちは避けたい商品です。

壊れやすい

これはもちろんですね。外国から運ばれてくる荷物ですので、壊れやすければ当然途中で不良品となってしまう確率が格段に上がります。保健で保証されているとは言え、降りない場合も考えられます。

また、不良品は海外に返品するわけにもいきません。これにもコストがかかりますからね。だいたい、不良品は現地処分となります。そうするとここにもコストがかかってしまうのです。ですから、最初から壊れやすい商品を扱うのは避けましょう。

代表的なものとして食器類、工芸品、陶器、ガラス商品などが挙げられます。

白っぽい商品

これも汚れやすく、同様に不良品率が上がるためです。白っぽい商品と同様に気をつけたいのは淡いパッケージです。白っぽい淡い色のパッケージの商品を輸入したが、そのままコンテナに積み込まれてしまったためにパッケージに汚れがついてしまった。これですら、不良品と見なされる傾向にあります。

日本人の一般的な嗜好として、原色系のパッケージは敬遠され、パステルカラー調のものが好まれる傾向にあります。この手のパッケージは人気があるのですが、非常に汚れやすいのです。日本人と比べて、外国人はあまりパッケージに神経を使わないため、トラブルのもとになることも多いのです。

日本人は1個ずつ商品がきれいなギフトボックスに入れられたうえ、きちんと梱包された商品であるものだという固定概念があります。一方、海外ではギフトボックスを重視しない傾向が非常に強く、パッケージがお粗末になっているパターンが非常に多いのです。パッケージがこちらの要望通りに作られていても、きちんと外梱包しないと輸送中に汚れるおそれがあります。

きれいなパッケージでもむき出しのままコンテナに積み込まれるとせっかくのパッケージも台無しになってしまいます。

商品が淡い色のパッケージの場合、契約書で、汚れがつかないような梱包にして輸送するように指示することを忘れてはいけません。

重い、大きいもの

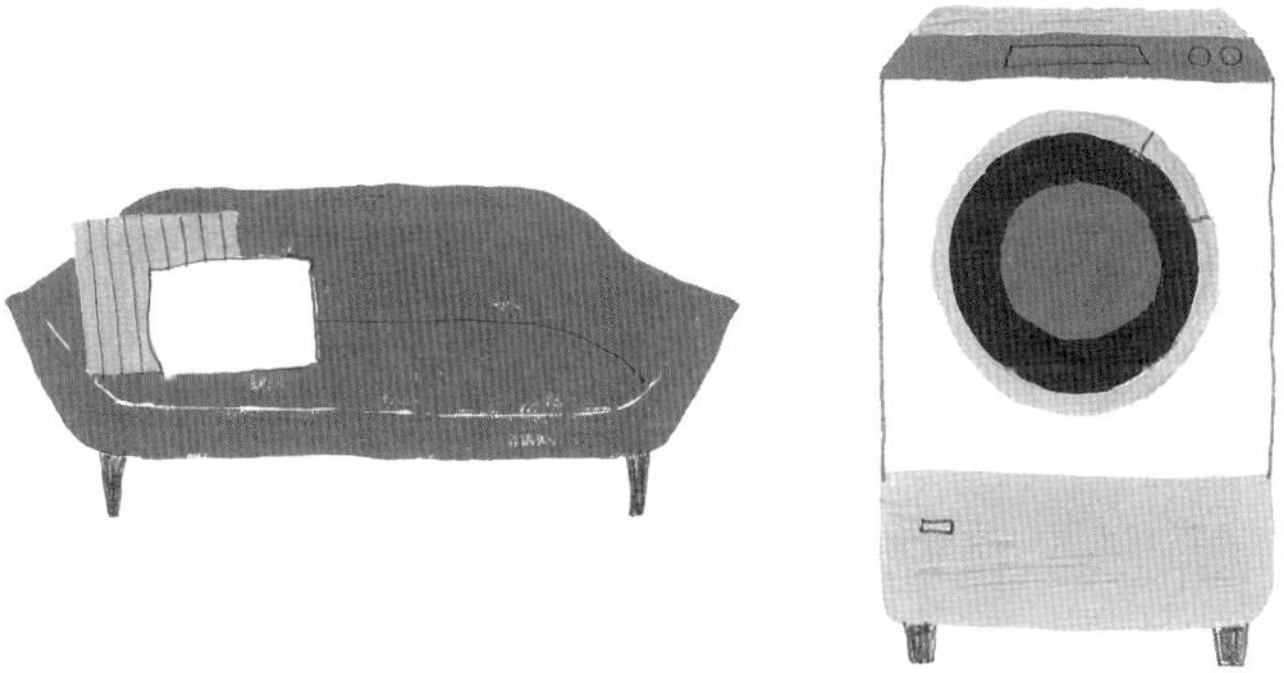

壊れやすいもの

白っぽい商品

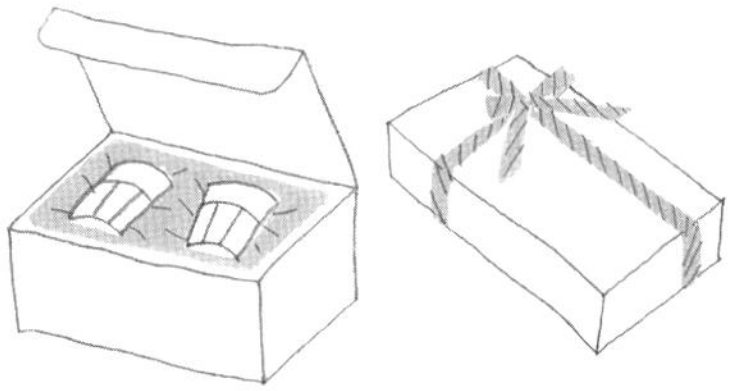

第4章

価格設定と販路拡大

価格は経営者の覚悟の現れ

「価格は経営そのものである」

価格決定というものが重要だということはあなたもご存知かと思います。価格というのはその後の会社経営に影響を及ぼします。私は、「価格は覚悟である」と思っているのです。自分は相手にこれくらいのメリットを提示できる、これだけの価値を提供するという覚悟の現れが価格に反映されるものだと考えています。ですから、極論を言えば、自分に覚悟さえあれば値段はいくらだっていいのです。

中小企業の戦略としては「価値の高いものを高く売る」。これしかないと考えています。かといって高すぎては誰も見向きもしません。その商品の価値を相手に十分伝える必要があります。

つまり、販売すべきは前述した「信頼」と「価値」なのです。それが正確に伝われば「高い」という感情から「欲しい」という感情に変化するのです。

商品発掘の段階で消費者にどういう価値が提示できる商品で、どのくらいの価格であればその価値に見合うかという確信を持った商品を扱うと自分の中で方針が決めやすくなります。

①コストプラス方式（加算方式）……コストを積み上げて定価を決める

商品の仕入れ原価、物流コスト、マーケティングコスト等をプラスした輸入原価に、あなたの利益、問屋の利益、小売店の利益をプラスして定価を割り出す方法です。いわゆる、絶対に損をしない、あなたが「売りたい値段」が算出されます。

②コストブレイクダウン方式（逆算方式）……最初に定価を決めてしまう

商品には、お客様が納得すると思われる価格帯があります。相場や商品の希少性、文化的価値を踏まえて価格を最初に決めてしまう方式で、簡単に言うと「商品として消費者に受け入れられる値段」を前提とした定価の付け方です。

実際の現場においては、この二つの観点を踏まえて御社の利益を最適化できる値付けをするべきです。

値付けは仕入れ価格の最低5倍にする

私は輸入ビジネスでは粗利50％を切ってはならないとお伝えしています。値付けは、仕入れ価格の最低5倍に設定しましょう。「えーっ、5倍ですか?」と驚かれましたか? 最低5倍を考えてください。なぜなら、その価格で販売しなくては粗利50％の儲けは出にくいのです。

逆に言えば、5倍の値段がつかない商品は、輸入してもあまり儲からない。その価格がつかない商品は、最初から選択しないことです。だって、あなたはこれから商品を選ぶことができるのですからね。これは、単純に選択の問題なのです。

安くすればするほど、量をさばかなくてはならないし、忙しくなる。これでは慈善事業をやっているようなものでしょう。もちろん、慈善事業は、社会的には価値のあるものですが、そこは目的が違いますからね。

ですから、需要があれば仕入れ価格の5倍でも10倍でも、20倍でも構わないのです。

端数価格と名声価格

端数価格と名声価格という考え方はご存知でしょうか。端数価格というのは980円や1980円など端数を出すことで1000円や2000円よりもお得感を得させることで購買を促す価格設定です。

よくスーパーなどで目にしたことがあるかと思います。これを設定することでいい商品を安く感じさせることが可能となりますが、日用品との差異化が難しくなり、価値が感じられないといった恐れがあります。そのため、高いものをより価値のあるものと見せる方法として名声（威光）価格という値段設定もあるのです。たとえば、2000万、1億というような価格設定のことです。

一般的には価格が高いと感じるほど購買意欲は減少するのですが、価値がほしい場合は「価格が高いものがほしい」といった購買ケースが見られます。

この価格設定が商品の質や価値を保証するものであり、逆に購入者の安心感につながるのです。

冒頭に「価格は覚悟である」とお伝えしたのはこういった事実があるからなのです。

これだけいいものだ、これだけの価値がある、というのを価格に反映し、高級感を出すというのは大切なマーケティング手法の一つなのです。

最初に輸入原価を確定する

さて、最大の醍醐味である「値付け」に触れていきたいと思います。上代を決めるために何をすべきでしょうか。

まず、あなたが仕入れた商品の輸入原価を知る必要があります。社長様であれば当然、と思われるかもしれませんが、正確に利益を把握していない輸入業者というのは意外に多いのです。これがわかっているのとわかっていないのでは大きな差が出ることは明白で、把握しきれないと長期的かつ安定したビジネス展開は難しくなります。

価格は会社における「ビジョン」そのものなのです。輸入においては商品原価のほかに、輸送費やマーケティング費用等のかかったコストを合算し、原価を出す必要があります。原価が確定しなければ、自分の付けた値段が妥当かどうかを判別できませんね。

コストの計算が面倒、と思われるかもしれませんが、商品を輸入する際に運輸、手続きを依頼する業者さんを1社に絞り、輸送から通関、倉庫に入れるまですべてを任せてしまえばいいのです。

これで経費計算はずっと楽になるはずです。また、原価を計算しておくと、いざという時のリスクヘッジにもなります。

あなたが輸入した商品が売れなかった場合、ストックしておくだけで倉庫費用等がかかります。こうした時に、正確な原価を知っていれば損益分岐点はどこなのか、ということが判断できるため、どのくらいで手放せば問題ないのかが把握でき、リスクを最小限に抑えることができるのです。

展示会での英語による
FACE TO FACE の商談
15ステップ

STEP12.

How about Payment?
支払い条件は、どのようになっていますか?

支払い条件を聞く時に使う最も簡単なフレーズです。

今は、ほとんどが TT (電信送金) 主体になっていますので、TT も合わせて覚えておきましょう。この場合、全額前払い (pay in advance) を要求されることもありますが、全額の前払いは危険です。

前払い 30%、船積み後 70%の分割送金 (pay on time) あたりがポピュラーな条件と言えます。

ちなみに、前払いの意味で up-front を使う場合もあるので、これも覚えておきましょう。

戦略的売価の決定とは!?

原価を出したら、定価を設定してみましょう。通常、この価格は日本国内の商品ならメーカーが設定している価格、つまり、定価（標準小売価格）ということになります。これをあなたは自由に決めることができます。マーケティング方法によって下代の5倍、10倍という価格で販売することが可能なのです。

先ほど、価格は「覚悟」だということをお伝えさせて頂きました。お客様は安いものがほしいのではなく、自分が納得できる商品を探しているのです。そのため、安易に「安ければ買う、高いから買わない」、という話ではないことを覚えておいてください。

商品の魅力を余すことなく伝え、その価格に妥当性、説得力を持たせる、ということが必要になってきます。これから、輸入ビジネスを始めるあなたは、価格競争を意識して、低価格の設定をするべきではないのです。

中小企業の戦略として最も有効なのは「価値の高いものをより高く見せて売る」、「価値の高いものに値ごろ感を出して売る」、この2つです。

大手企業や大資本であれば大量輸入、大量発注によって価格競争をすることが可能となります。ですが、これに中小企業が参入するとたちまち疲弊し、薄利多売の構造になります。売上げが上がるのに赤字、赤字のために個数をさばこうとして価格を安くする、安くしたために利益が下がりさらに赤字、という負のスパイラルに陥るのです。

まさに大塚家具の新戦略がこれに該当していました。本来、流通業者であった大塚家具は高品質で高価格な一生ものの家具を売るために、とことんその層に訴求した戦略をとっていたのです。送迎から始まり、担当者性、店内の高級感などのイメージ戦略です。

ですが、生産能力がない上、価格の決定権がない、つまり定価が決まっているビジネスモデルの商品で生産能力を持つメーカーに価格競争を挑んでしまった結果、どうなったか。結局、皆さんの知る結果となってしまいました。ですから、値付けには最大の労力をかけ、覚悟を持って当たることをおすすめするのです。

あなたが仕入れた商品が日本でヒットするかどうかは、お客様がその値段で満足するかどうか、魅力的に感じるかどうかをイメージし、そのイメージに合うよう最大限努力することなのです。商品発掘と値付けこそが、輸入ビジネスにおけるキモの部分であり、あなたのビジネスセンスの発揮しどころなのです。

卸価格はこうして決める

原価がわかって、売価も決めたら卸価格を決めましょう。物販に携わる社長様であればご存知かと思いますが、念のためおさらいしておきます。

上代が１０００円の商品があったとすると一般小売店には6掛け、つまり６００円で卸すのが通例です。そして、問屋であれば4．５掛け、つまり４５０円、大手が5掛けで５００円……というように通り相場のようなものが決まっているのです。

ただ、業態別で卸価格を設定してしまうと相手の業態がわからない場合、相手の言うポジションを信じるしかなくなってしまいます。そういった対応を続けていくと掛け率の低い取引が大半を占めてしまいます。ですので、こういったリスクを避けるためにオーダー数で掛け率を変える方法を提案しています。

具体的にはバラで購入したい、という人には6掛け、2分の1カートンで5掛け、1カートンで4．５掛けというように自社内で一定の基準を定めることをおすすめいたします。これはあくまで一例ですので商品の価格、特性、最低受注数量などを加味し、総合的にいくつでいくらが好ましいのかを判断してくださいね。

――価格のつけ方の例――

1 コストプラス方式（加算方式）

仕入原価 ＋ 物流コスト ＋ マーケティングコスト

＋ プラス

あなたの利益

＋

問屋の利益

＋

小売店の利益

↓

定　価

2 コストブレイクダウン方式（逆算方式）

売れる定価

ー　マイナス

小売店の利益

ー

問屋の利益

ー

あなたの利益

ー

仕入原価 ＋ 物流コスト ＋ マーケティングコスト

価格の調整

あなたがいかに商品に自信があり、値段を熟考したとしても、お客様から見て高すぎると感じたら、もしくは商品の価値を十分に伝えることができなかったら……本来、売れるはずの商品が売れなかった、ということは往々にしてあります。

ここで注意するべきは、テストマーケティングを兼ねた初回の展示会に出展した際には「定価」、「希望小売価格」などの決定された価格だという表現はしないことです。

ではどうするかと言うと、テストマーケティング段階ではあくまで「参考上代」とか「予定価格」と伝えるべきなのです。変わることがあり得る余地がある価格であると最初にお客様に伝えておく方法があります。

ただ、いくら予定価格とはいえ、展示会の度にコロコロ変えていてはお客様に不信感を与える結果になる可能性がありますので、変更はあくまで展示会等に出展しテストマーケティングをした後、リアクションが思わしくなかった場合のみに限ってください。その結果を基に最終的な定価を設定しましょう。

また、もう一つの方法として掛け率で調整するという方法も考えられます。

あなたの仕入れた商品を買ってくれる会社、業者との商談の中でぜひ取り扱いたいが価格がちょっと……という場合があります。

そうした際に定価は変えられないものの、卸値の掛け率を調整することで商品を買いやすくするのです。

値付けを原価の5倍以上と決めておくのは、こんな時の保険でもあるのです。価格で折り合いがつかなかった場合に掛け率で調整することが可能になるのです。その際は、個数を多めに受注してもらい、調整することをおすすめします。ですから、粗利50%以下の商品をやってはいけないのです。

販路開拓とビジネス展開

商品のサンプルをメーカーから仕入れ、価格を決定した後にどうすべきでしょうか。

次に最も大切な自分の商品を買ってくれる取引先を探さなければならないのです。まず、物販をされている社長様であれば、今の販路に乗せるだけでさらに売上げの上がる粗利率の高い商品になるでしょう。

問屋や卸売りでも同様ですが、全く異業種だという場合はどう活かすかと考える方も多いと思います。そういった場合は自身の業界で何が必要か、何があったら嬉しいか、という観点でものを選べば現在のビジネスに絡めた商品展開が可能になります。

現在のビジネスの販路を大いに活用でき、スタートダッシュが可能となりますので、商品選定時点でこの部分も頭に入れておくとスムーズなビジネス展開ができるでしょう。

では新規開拓はどうするのかという場合、私がすすめる方法は日本国内の見本市に出品して、幅広くお客様を集めることです。

──国内展示会に出展する手順──

1. あなたに適した見本市を調べる

↓

2. 展示会主催者へ出展の詳しい情報を請求する

↓

3. 検討に入る

↓

4. 出展コマ数を決め申し込みをする

↓

5. 主催者から申し込み受諾の通知が来る

↓

6. 出展者説明会もしくはコマ割り抽選会でスペースが決定する

↓

7. ブース内装飾・商品レイアウトの検討・決定

↓

8. 招待客の選定・絞り込み

↓

9. 招待状の発送

↓

10. 可能であれば電話で誘客を図る

↓

11. 展示会当日を迎える

私の場合は、お得意先を発掘するために国内の展示会に出展していました。なにしろ地方で事業をしていた関係で出張ベースの新規開拓には、かなりのコストがかかってしまい、効率が悪かったからです。だからこそ自分で訪問するのではなく、相手に来てもらうビジネススタイルにしたいと考え、展示会に出す方法を選んでいました。

物販で最も難しいのは、誰が自分の商品に興味を持っているかをいかにすばやく低コストで見つけるかです。

でも、展示会ってコストがかかるんじゃないの？　とお考えの方もいるかもしれません。展示会を単なる商品お披露目の場、と考えればそうかもしれませんね。ただ、展示会というのは本来、商談の場であるべきなのです。さらには営業・広告・商談すべてを一度に、最も効率の良い形でまとめて行えてしまうのです。展示会にあなたの商品を出すだけです。

自分が想定していた以外の業種の方々まで次から次へとブースに訪れ、自分が仕入れた商品の説明を求めてきます。また、展示会に出展し続けると、定期的に営業に行かなくてよいというメリットも生まれます。

年に数回、見本市に出品しておけばＤＭ等で出展している旨を顧客に伝えればよいだけなのです。そこに出向いてもらい、そこで商談をすることで時間コストを大幅に削減できます。肉体的にも精神的にも楽なうえに、実はローコストな手法なのがわかっていただけると思います。

展示会はサンプルの時点で市場性を見極めることができるテストマーケティングという側面もあります。

展示会で商品を見せても誰も注文してくれなければ、あなたの商品は日本市場での需要がない、ということになります。

見込み客もないままにいきなり大量注文して不良在庫になってしまったら、それこそ莫大な損失になってしまいますが展示会でサンプルを見せて、注文を取り、そこで初めてメーカーにオーダーをする、こうすることで不良在庫を抱えることなく、しっかりと販路を確定した後にオーダーすることができるのです。

展示会というのは一見、大胆に見えて、実は最も堅実でローリスクな方法であることがご理解いただけたと思います。


また、新規顧客の獲得単価で考えてみましょう。

展示会というのはブースの設営費込みで3～4日間でだいたい80万円程度の投資が必要になりますが、そこに受注＋見込み顧客の獲得ができるのです。

名刺が４００枚集まったと仮定しましょう。

1見込み顧客当たりの単価はいくらでしょうか？　２０００円ですね。たった、２０００円であなたの商品に興味がある、と意思表示した方のリストが手に入るのです。

仮に営業マンを雇って飛び込み営業をさせたらどうでしょうか？　1件数万円〜もしかしたら10万円単位に跳ね上がるのではないでしょうか？　かつ、うまくいかなかったからすぐクビ、というわけにはいかないのです。

人件費は固定費となりますので毎月のコストに加算されるのです。最低、年間数百万円の投資が必要になってくるのです。テストの意味合いで人を雇うのはリスクと言えるでしょう。

次にインターネット広告で考えてみましょう。

今、ＰＰＣ広告やFacebook 広告で獲得できる見込み顧客の単価は約1万円前後、と言われています。それも効果が出るまでにテストの繰り返しが必要ですから、実際に獲得できるまでに初期投資が必要になってきます。数か月間数十万円ずつかけてテストを繰り返し、だんだんうまくいってくると獲得単価が数千円にまで落ち着いてくるとは思います。ですが、そこに至るまでに時間とお金というコストがかかってしまいます。

そう考えれば3〜4日の投資でかつ1リストあたり数千円というコストでリスト作成ができる展示会は最高のコストパフォーマンスだと言えるのです。

こうした費用対効果、効率がいい方法を考えるのもマーケティングの一つです。

展示会に出展することが最も費用対効果が高く、営業における無駄を最小限に抑えることができます。

あなたはブースに入ってきた人にだけ営業をかければいいのです。少なくとも入ってきた、ということはその商品に興味があるというサインなのですから。

私の経験上、展示会に出して何も得るものがなかったということは一度もありません。販路開拓には最も有効な手段であるのは間違いありませんし、現にインターネット広告会社が出展していたりするのです。

インターネット広告を出すための業者を展示会に探しに来ているのです。

また、インターネットにおける物販はいまだ6％しかないということをご存知でしたか？物販における94％はリアルで行われているのです。この事実だけでも、展示会の効果は十分に感じていただけると思います。

展示会への出展は非常に簡単です。法人をお持ちの社長様であれば展示会主催者に連絡をし、資料をもらい、必要事項を記入しお金を振り込むだけです。商品を輸入するにあたっては、最初から見本市に出す計画を立てて、半年計画で動くことをおすすめします。

展示会場で注文を取るのが最善策

先ほど、見込み顧客の話をしましたが、基本的に展示会というものを私は商談、受注の場だと考えています。その場で決断できないものを本気で売ろうとしてくれるとは思わないので、この当日受注してくれる方を最優先に考えていました。

カタログについては配る必要はない、と私はお伝えしています。「カタログがほしい」、というのはいわゆる逃げの発言で、その場を終わらせたい、という意思表示でもあるからです。また、カタログを渡すと、「カタログをもらった」という達成感だけでお客様は満足してしまうのです。

日本の展示会は商品お披露目、名刺交換、顔合わせ的な要素がいまだに強く、その場で商談が進まないことが多いのです。相手は数百のブースを見て回り、市場調査を兼ねてカタログを集めているのです。たいていの場合、市場調査や稟議にかけるための資料なのでカタログを見て後から連絡してくることはありません。向こうには日々営業の連絡がきているのです。

基本的には、あなたの商品に相手が興味を惹かれていると判断したその時点、熱のあるその場で、一気に注文を取るところまで話を進めてしまうのが理想だと言えるのです。

「見本市の期間中にご注文いただけると、総額の10％お引きします」

「3万円以上のオーダーで送料無料とさせていただきます」こうしたオファーで当日の受注を誘うべきです。

■カタログよりもサンプルで

ただ、相手側もいきなりビッグオーダーはしたくない、と考えるはずです。そうすると、会議にかける資料や上司に報告する何かが必要となりますね。

ここでカタログがあるとそちらに流れてしまう恐れがあります。そのためにカタログを置かずに資料としてのサンプルをオーダーさせるのがコツなのです。「具体的なサンプルがあれば上司の方もよりイメージが沸きやすいと思います」といったオーダーを前提とした商談をおすすめします。

あくまでサンプルなので、ここは1～2個のオーダーで問題ありません。ここで、関係を作ってしまうということが大事なのです。オーダーをもらっておけばその後、商談に行きやすい環境を作れてしまうのです。

そこまでは難しいという大手企業等の場合はカタログを持って後日訪問したい、という流れを作ることが大事です。取れるのであれば、その場で具体的なアポイントを取ってしまいましょう。相手があなたの商品を見て具体的にイメージができるうちに商談をまとめてしまうのがベストです。

今そこで注文する商品を選んでもらうことが重要なポイントです。そして具体的な注文、あるいはアポイントを取ってしまうことで、程度の人間関係を作ってしまい、今後のステップにつなげることがコツです。

■アンケートを活用する

前述したように展示会は商談の場であるべきなのですが、どうしても日本のサラリーマンバイヤーは責任の所在がはっきりしないためか、現場で即決することを避ける傾向にあるのです。展示会の場ではすべてのお客様に対し、商談を完結できないのが当然かと思います。その際、アンケートを用意しておくと見込み顧客の選別に役立ちます。

名刺交換だけでは相手がどんな会社で、どういった立場、どんなニーズ、ウォンツがあるのかわからなければ、今後のアプローチも難しくなります。名刺には書いていない情報、つまり生の声が重要である場合が多いのです。

東京ギフトショー２００５秋
（日付　　／　　）
（時間　　：　　）

貴社名
ご住所
ＴＥＬ
ご担当者

お客様ご要望アンケート

※アンケートにご協力ありがとうございます。該当するところを○でお囲みください。
お客様にとって最良のサポートをお約束するために全項目かならずご記入よろしくお願い申し上げます。

① 貴社の業態をお教えください	インテリア小売店　雑貨小売店　チェーン小売店　家具店　ギフト店 百貨店　量販店　通販　Ｗｅｂショップ　雑貨問屋　その他問屋 輸出入商社　メーカー その他（　　　　）
② お客様のお取扱商品をお教えください	インテリア雑貨・小物　趣味雑貨　生活雑貨　家具　ステイショナリー　ベビー用品　テーブルウェア　キッチンウェア　ウェア アクセサリー　アロマ　バス・サニタリー　おもちゃ　家電　ペット 健康食品　薬　飲食関係　建築関係 その他（　　　　）
③ 弊社ブースのなかで興味のあるアイテムをお教えください	バースストーンベアクリップ　ジェニファーテイラーシリーズ レースシリーズ　オルゴール楽器シリーズ　ガラスフレーム・置物 セラミックフレーム　セレブリティピルケース グラスベアオルゴール　ビスクドール　グラスポプリランプ アンティークフレーム　クリスマスフレーム　その他フレーム アロマオイル　タイニーベア その他（　　　　）
④ ご本人様にご連絡をとる場合の希望通信手段をお教えください	１．名刺の　ＴＥＬ　ＦＡＸ　メール ２．名刺と別の場合はお書きください （かならずご記入お願いいたします） ＴＥＬ ＦＡＸ メール
⑤ 仕入部門が別の部門もしくは別担当者様の場合はご記入ください	１．部門（部署）名 ２．ご担当者様名 ３．通信手段　（かならずご記入お願いいたします） ＴＥＬ ＦＡＸ メール
⑥ お客様のご要望	１．購買ご希望 ２．商談希望 ３．ＷＥＢにて商品閲覧希望 ４．その他（　　　　）

アンケートご記入ありがとうございました
わたしたちは笑顔でがんばっています。お客様の笑顔も見たいのです !!
株式会社○○○○○　担当○○○

そこで、その場で簡単なアンケートに答えてもらいましょう。サンプルを用意したので参考にしてください。

相手の具体的な要望を知っているために、その後のアプローチをどうすべきかそれぞれに合った対策がしやすくなるのです。

ただ、注意してほしいことがあります。アンケートは書いてもらうのではなく、商談中にご自身で記入する、という点です。アンケートにお答え下さい、と言って紙を渡しただけでは相手はほぼ100％答えてくれません。それどころか、商談自体を嫌がられてしまう可能性すらあります。相手の手を煩わせないよう、自然に商談の中でアンケート事項を質問していき、記入しておくのです。出来上がったアンケートに名刺を付けておけばアンケート用紙は、後日のアプローチの際の強力なツールになります。アンケート用紙は必ず用意すべきツールであるのです。

まとめましょう。まず最優先すべきは現場で商談をまとめてしまうことです。

それが難しい相手にはアンケートに記入し、後日、アポイントを取ることです。

せっかく展示会に出品したのですから効果は最大限にすべきであり、1つでも多く、生きた販路を作ることにエネルギーを集中させるべきなのです。

第5章

独占販売権を獲得する

有利な輸入契約の結び方

「独占販売権」。この言葉を聞いたことがあるでしょうか。

日本国内における商品の販売権を独占的に有することができる権利のことを指します。これがあれば、そのメーカーの商品を第三者が扱うことができず、日本国内で参入することができなくなるのです。

この権利さえ、有してしまえば名実ともに日本におけるその商品のメーカーという立場に完全になることができるのです。これをお聞きになられれば、この権利の魅力を感じていただけることと思います。

ただ、独占販売権というと、獲得するまでに莫大な費用であったり、様々な制約が課せられるのではないか、と感じられる方がおられるかもしれません。

後述しますが、獲得自体は決して難しいものではないし、最初にお金を要求されることもありません。要は交渉の方法次第なのです。

独占販売権の契約の方法には主に次の２つがあります。

①メーカーのすべての商品を独占的に輸入・販売する権利
②あなたが選んだ商品、アイデアを出した商品を独占的に輸入・販売する権利

ただ、基本的には①を推奨します。

そのメーカーを丸々日本に導入することになれば、コンセプトや商品の良さがブランド全体で伝えることができます。メーカーの考え方やコンセプトごと販売することができれば、消費者にメリットや世界観を伝えやすくなるのです。イメージごと輸入するというのが最も大切なことです。

②だとどうしても中途半端な印象を与えてしまいます。

商品のラインナップを増やすため、様々なメーカーの雑多な商品を扱うことになり、会社としての方向性、自分の販売者としての認知がぶれてしまう恐れがあります。

ここで大事なのは何者であるか、ということです。

何によって憶えられるか、ということがこのビジネスでは大事になってきます。

○○といえば株式会社△△、といったようなイメージを持たれればそこに注文が行くのは当然です。
概念を作ってしまうような商品だと非常に強みになるでしょう。

例に挙げるとするならばチョロQです。これはゼンマイ式のミニカーなのですがチョロQ以外にあの商品自体を表す単語が見当たらないのです。結果、会社名よりも有名な商品名になっているのは皆さんご存知かと思います。

展示会での英語による
FACE TO FACEの商談
15ステップ

STEP13.

Please let us know the lead time.
納期は、どのぐらいかかりますか?

納期を聞く際の常套句です。

lead timeは元々、生産日数を示しています。そのため、誤解を避ける意味でdelivery dateを使ってもいいでしょう。

納期の問題は特に、相互誤解や生産遅れで後々トラブルが起こりやすい部分です。綿密に打ち合わせましょう。

門外不出！ 独占販売権を獲得する方法は

独占販売権…、なんと響きのいい言葉でしょうか。すべての輸入者が追い求めるもの…そして成功への第一ステップなのです。輸入ビジネスは、科学です。この難攻不落そうに見える難敵にも攻略法はあるのです。輸入ビジネスは科学なのですから…。公式、定理があるのです。

あなたが発掘して育ててあげた商品が、少しずつ市場に認知され売れ始めたとしましょう。「やっとここまで来れた、長い間の努力がみのりつつある」と喜んだのもつかの間、競合相手が参入してくるのはよくあることですよね。あなたもそんな話を耳にしたことがおありでしょう。そんな時に頭をよぎるのが、「日本でこの商品を扱う人間が私一人ならいいのに……」

私に限らず、誰であっても、こんなビジネス環境はノドから手が出るほど欲しいことでしょう。「そんなことが可能なのか」とあなたは思われたことでしょう。それが可能なのです。

独占販売権が獲得できれば、そうしたビジネス環境が一気に手に入るのです。なぜなら独占販売権とは、「日本において、今あなたが扱っている商品をあなた一人で、日本国内あまねく独占的に販売できることが約束された権利」だからです。

では、どう交渉すれば、独占販売権が獲得できるのでしょうか。

「御社の商品が非常に気に入りました。ぜひ私に独占販売権を認めてほしいのですが…」といくら情熱を込めてこうアピールしても、それだけでサプライヤーは認めないでしょう。

あなたが独占販売権を獲得する目的は、その商品の市場を独占することです。一方のサプライヤーは、基本的には独占販売権を与えることを好まないものです。できれば日本市場に複数の取引相手を持ちたいと思うはずです。サプライヤー（メーカー）には、「取引相手が多ければ多いほど、売上げが増える」という思いがあるからです。

なんの戦略もなく「独占販売権をください」と言っても、相手は首を縦には振らないでしょう。

基本的に、あなたとサプライヤー（メーカー）の利益は反するということを理解する必要があります。そこで、「あなた一人に販売を任せることの利益＝相手（サプライヤー）の利益である」ことを相手に理解させ、納得させなければならないのです。

「そんなうまい方法があるのか」とお思いになりましたか。あるのです。

これまでの私の経験から、その具体的な方法をあなたに明かしましょう。非常に実務的で即効性があります。これを使いこなしてほしいのです。なんども言いますが、輸入ビジネスは科学です。定理通りの順番で行ってくださいね。一つ欠けても足してもいけません。準備はいいですか。行きましょう…次のような手順で展開すると相手があなたの言葉にひきよせられ、あなたは独占販売権の獲得にググっと近づけるのです。

日本に複数の顧客を持てば、瞬間的に売上げが上がることは事実です。しかし、狭い市場であり、必ず競合が起きます。

競合の多い商品は誰でも嫌です。結果、一社また一社と手を引くようになります。

結局、日本市場では誰も本気で取り組まなくなります。

ビジネスでは、こうした論理的な説得が相手の気持ちを動かすのです。あなたの話の展開に、相手は熱を帯びるのです。ここからが、重要です。自分にビジネスを任せることのメリットに話を持っていくのです。

貴社は、日本市場で誰も本気で取り組まない状況を望みますか?

私に任せれば、継続的に3年、5年と拡販できます」と一気に惹き込むのです。ここが独占販売権獲得の最大のポイントです。

さらに、「自分がこの商品分野でいかに優位性を持っているか、そして経験があるか」を熱く語るのです。

最後に、もし独占販売権を獲得できれば、日本の展示会に御社の商品のみで出展して一気に日本中に販売網をつくる」と言ってください。これで、勝負ありです。

販売独占権を獲得するには、利害が対立する相手を説得しなければならないのです。商品への情熱と、「あなたに任せることのメリット」を相手に認めさせることが必要なのです。

輸入ビジネスは、「物を通した人間関係、信頼関係の構築」に他ならないのです。

展示会での英語による
FACE TO FACE の商談
15ステップ

STEP 14.

What is packaging like?
梱包はどんな感じですか？

パッケージがどのようなものかは、必ずチェックしましょう。
日本では、パッケージも重要な商品の一部ですが、海外では無頓着な場合が圧倒的に多いです。過度な包装は環境破壊につながるという感覚を持っている国もあるため、しっかり確認しましょう。

―「独占販売権」獲得までの説得手順―

1 輸出先を一市場当たり１社に絞るメリットを伝える

⇓

2 その１社が自社（あなた）である必要性を説く

⇓

3 その１社があなたでない場合のデメリットをたたみかける

⇓

4 あなたの市場での優位性を再度、強調する

⇓

5 具体的な販売目標数字（セールスターゲット）を示す

⇓

6 契約書にサインしてもらう

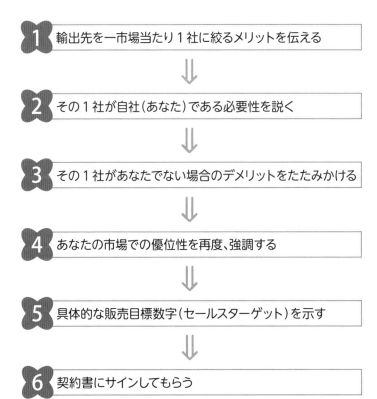

輸出実績のない小さなメーカーが有効

さて、話を戻しましょう。

あなたが独占販売権を獲得する場合どういった方法があるでしょうのか。

基本的には日本に輸出実績がない、もしくは以前やっていたがもう取引のないメーカーをおすすめします。小さなメーカーや、新しく立ち上げたメーカーは、日本の輸入業者とのかかわりがまったくないことが多く、そういったメーカーにとって、日本市場への輸出は魅力的です。

現時点で誰もライバルがいないということであれば、あなたが独占販売権を獲得し易くなることは言うまでもありませんね。小さなメーカーであればその会社のオーナーが自ら出展しており、会場にいることも多いのです。そうすれば、直接商談ができ、即断即決でトップ同士のスピーディーな商談が可能になるのです。

今の彼らにとって日本への窓口はあなたしかいません。そういった状況であればあなたに有利な独占販売契約を結べる可能性がでてきます。

「あなたの商品を東京の展示会に出品します。」

これは独占販売権を獲得するうえでの決め台詞になります。中には、東京の展示会に出展した経験のあるメーカーもあるかもしれません。

しかし大抵の場合、上手くいっていません。なぜかと言うと、日本の会社は直接海外メーカーから購入する方式を好まないのです。大きい流通業者であればあるほど、代理店や問屋などを挟んで責任やリスクを回避する傾向にあるのです。

金額的コストを下げるよりも書類や送金の手間、商品が届かないなどのリスクの回避をした方がいい、という判断のもと、取引の円滑さを重視しているのです。

ですから、海外のメーカーが日本の展示会に出展したところで日本の会社は、

「これはどこから買えるのか?」

という質問をし、代理店が決まったら連絡してほしい、という言葉だけ残して去ってしまうのです。

日本では、小さいショップやオーナーが買い付けるところ以外は海外メーカーに直接オー

ダーするということはほとんどないのです。

日本市場は問屋や代理店を挟む、独特の流通形態をとっています。これは海外メーカーからは理解しがたく、日本人との取引の難しさだと感じているのです。海外のサプライヤーにとって外国の展示会に出品することは、たいへんな予算とエネルギーを必要とします。さらには言葉の問題もあり、進出したいと考えてもなかなか日本まで行けないのが現状です。

それを日本人であるあなたがやってくれるというのだから、メーカー側にとってはこれほど魅力的でありがたいオファーはありません。

メーカーとしては、あなたがいかに日本で商品を売ってくれるか、つまり、自分の商品をどれくらい買ってくれるかが最大の関心事です。ということは、来場者何十万人の東京の大きな展示会に出展する、というだけでキラーワードになるのです。

本来、ゼロだと思っていた市場からのオファーであればメーカーとしては飛びつかないはずはありませんね。この提案をした後、独占販売権の話を振れば、私の経験上、ほぼ間違いなく話はまとまることが多いのです。

すでに日本へ輸出実績がある場合はどうでしょうか。

この場合、独占販売権を獲得することは非常に難しいです。なぜなら、すでに取引をしている輸入業者がおり、メーカーはあなたに自分の商品を一括して任せることができないからです。

この場合は次の3つの対策があります。

・被らない商品に独占販売権をかけ、商品を限定してもらう方法
・新商品が出たらそれを独占的に扱わせてもらう方法
・あなたの企画・アイディアによる商品を特注生産させ、それらの商品についてだけ独占的に扱う方法

以上ですが、この3つの方法だと商品が限定されるため、見せ方、売り方が難しくなります。この方法を選択した場合、1商品だけでも戦えるものもしくはそのメーカーの強みを活かせるアイディアが思い浮かんだ場合に限定したほうが無難です。ですから、ある程度販路がまとまった段階での新たな施策として考えてください。

ただ、1つメリットをあげるとすれば、日本市場の品質基準を理解し、それに対応した商品を作っていることが多いので、日本仕様のパッケージ、デザインを改めて提案、オーダーする必要がないことが挙げられます。

日本特有の状況を予め知らせておく

日本の規格、日本用の包装、などこちらも日本独特なものが多いため、その重要性について詳しく説明する必要がないことは大きなメリットと言えます。

さて、概要と方法はわかったけど交渉のコツはないのか、というお声もあるかと思います。ここからは個別コンサルティングでしかお伝えしていなかった最大のコツをお伝えしたいと思います。

まず、国土の狭い日本で多数の販売者がいると互いに競争になり、値くずれを起こすことを相手側に伝えます。その結果として、日本国内において御社の商品の寿命を短くしてしまい、一過性のブームで終わってしまうことを伝えてください。

また、日本での販売促進活動には、多額のコストがかかります。そのコスト、労力は守られなければならない、ということを認識させ、諭してください。

そこがハッキリした上で、販売先は一社に絞り込み、窓口を一つにした方がお互いに管理、運営が簡単になることを伝えましょう。

海外メーカーとしては、本来であればゼロだった日本での販促を初期投資なしでやってもらえ、管理のコストも運用のコストも最小限になるということをわかってもらうことが大切です。

ここをおさえられれば、お互いにとってよいパートナーシップが組めるのです。

独占販売権取得のコツ　まとめ

a. せまい日本で多数の販売者がいると互いに競争になり、値くずれを起こす。
b. その結果、御社の商品寿命を短くすることになる。
c. 日本での販売促進活動には、多額のコストがかかる。そのコスト、労力は守られなければならない旨を諭す。
d. 販売先は、一社に絞り込んだ方が、お互いに管理、運営が簡単になる。
e. 結果、海外メーカーは、日本での販促を考えなくていいようになる。

貿易条件（インコタームズ）とは？

さて、海外で発掘した商品の独占販売権を獲得し、サンプルを仕入れて日本国内にお客様を見つけたら、注文数の商品をメーカーに発注し、輸送して仕入れなくてはなりませんね。今は、専門の業者に輸送から保険に至るまでワンストップで任せることができます。こういった手続きは、すべて業者に任せることを推奨しています。

しかし、貿易条件（インコタームズ）と呼ばれる国際ルールを知識として知っておくことは大切です。なにか起こった場合にそれがどういう条件で行われ、どういうことになったのかを把握できるかどうかは重要になってきます。

では、インコタームズとは何か？　について少し説明しましょう。

国が違えばルールや取り決めが異なるのは当然ですが、当事者同士がそれぞれに自国のルールを主張すれば、スムーズな取引は難しくなります。

そこで、国際商業会議所が国際ルールを定義しました。具体的には貨物のリスクの負担の範囲と費用負担の範囲の設定です。簡単に言うと、あなたが海外から商品を輸入するにあたって、海外の工場で作られた商品の送料をどの地点から持ち、保険料を含めたリスクをどの地点から背負うか、という取り決めのことです。

それがインコタームズと呼ばれているもので、現在は2010年度に制定されたインコタームズ2010が使われています。（2016年現在）

この貿易条件で定められている代表的な項目を箇条書きにすると、次の4つになります。

1. 価格条件（建値条件）
2. 引渡しの場所
3. 危険（リスク）の移転時期
4. 輸入業者と輸出業者の費用分担の分岐点

これらの貿易条件をインコタームズでは11種類2クラスに分類し、輸入する側と輸出する側がどういった条件でコストを負担するかが非常にわかりやすくなっています。

しかし、11種類の条件を覚える必要はありません。現実的に輸入の際に出てくる可能性のある次の4種類の貿易条件を費用負担（価格条件）の側面に絞って説明します。

①工場渡し価格（Ex WORKS価格、EXW価格）

海外のメーカーの工場であなたが商品を引き取る場合の価格条件

あなたが指定した国際貨物運送業者が工場に引き取りに行き、引き取った段階でリスクと費用はあなた持ちになります。

たとえば、指定の国際貨物運送業者が、船上等で事故を起こしてあなたの商品に損害が出た場合は、この条件だとあなたの損失となります。

ですから、保険の加入は必須です。

3000円〜と安価なのでこれは忘れずに加入しておきましょう。

この工場渡し価格は、ヨーロッパとの取引で提示されることが多い条件です。

②本船渡し価格（FOB価格）

①の工場渡し価格に、メーカーが工場から輸出港（空港）まで運ぶ運賃・通関・船積み費

用を含んだ価格条件。

リスクと費用の分岐点は、船積み時点になります。

たとえば、船積み後、不幸にもその船が沈んだとしたら、それはあなたのリスクとなります。

こちらも保健加入は必須です。

アジアとの取引で多い条件となります。

③運賃込み価格（CFR価格）

②の本船渡し価格（FOB価格）に、現地港（空港）からあなたの指定する港（空港）までの運賃を加えた価格、C&Fとも表記されます。
ただし、FOBと同じく、船積みした時点で商品のリスクはあなたが負うことになります。

日本では、CFRは輸入の時によく利用されます。

④運賃・保険料込み価格（CIF価格）

③の運賃込み価格（CFR価格）に、海上保険（航空保険）の保険料を加えた価格である。リスクと保険料、運賃以外の細かな費用の分岐点は、①〜③同様、船積み時点になります。

米国との取引で比較的多い条件です。

日本では、輸出の際に使われることが多いです。

私の主戦場であるヨーロッパでは基本、Exworksが多いので特に面倒なことはありません。あくまで、知識として知っておいてほしい、というだけです。

この辺りはすべてプロに一任できてしまうので、そちらに任せてしまうほうが結果的に様々なコストを抑えることができます。

展示会での英語による
FACE TO FACEの商談
15ステップ

STEP15.

Who is the right person to contact with?
今後、連絡をとりあう担当者はどなたになりますか?

商談の最後に必ず、今後のやり取りをする人間を確認しておいてください。

責任の所在を明らかにすることでお互いのコミュニケーションがスムーズになります。

「納期」の意味に注意を払う！

日本では、納期という言葉はお客様が指定する場所に届く日のことを指しますね。

ただ、海外との場合は、先ほど述べた貿易条件によって変わってきます。

たとえば、Exworks の場合はメーカー側の工場で受け取る日が「納期」となり、FOBの場合は船や飛行機に乗せた日が「納期」となります。この納期という表現を鵜呑みにしてお客様に伝えてしまうと後でトラブルのもととなります。

ですから、国内の納期はその貨物が日本に届き、あなたの倉庫や手元に届いた後、発送されますのでこの日数を加味して最終決定してください。

くれぐれも最初の納期をお客様への納期だと誤解のないようにしてくださいね。

――頻発するトラブルの例――

トラブルの分類	トラブル	トラブルの内容
品質・数量に関するもの	①品質不良	契約したものより品質が劣る
	②規格相違	契約したものと規格・仕様が違う
	③量目不足	契約した数より少ない
	④包装不良	包装が不完全なため、荷痛みが発生している
船積みに関するモノ	①船積相違	契約品以外のものが積まれている
	②船積遅延	契約した期日に船積みされない

相手に品質・納期がいかに重要かを、
繰り返し繰り返し説明しておくことが大事！
特に品質に関しては、事前にサンプルを必ず
入手しておくこと。
納期に関しては定期的にメールなどで
進捗状況を確認しておくこと。

必ず入ってほしい2つの保険

先述したように輸入の際には海上保険は必須です。

海上保険に関しては海外のものではなく国内の保険会社が好ましいです。海外の保険会社ですとコミュニケーションをとるだけで大変なうえ、日本の会社と基準が異なったりするため送るデータ等も増える傾向にあります。

ただＣＩＦの場合、相手国の保険でしか取引しないというメーカーもあります。その場合はこちら側でも日本の保険に入っておき二重に保険をかけておくことをおすすめします。このことからもＣＩＦ条件はあまり現実的でないことがわかるでしょう。

もう一つ、大事な保険。それはＰＬ保険です。これは対人賠償の保険で国内販売の際に必要になります。その商品を使った人がけがをしたり、財産を失った場合の賠償責任保険です。

日本国内では輸入者がメーカーとなりますので、商品を使って何かが起こった場合にあなたが責任を取る必要が出てきますので、万が一に備えＰＬ保険は必須と言えるのです。

輸送、保険、通関はすべてプロに丸投げする！

貿易条件というのがあるのはなんとなくわかったけれど、いったい、誰にどうやって頼めば、自分の商品を運んでくれるのかわからない、というのが本音かと思います。

ここで使うべきなのは「フォワーダー」や「物流アドバイザー」です。メーカー側と貿易条件を取り決め、インボイス（請求書）があなたの元に届きます。

そこで次にあなたがすべきは、この請求書をフォワーダーに渡し、「この商品を持って来てください」とお願いすることです。フォワーダーとは、荷主から貨物を預かり、他の業者の運送手段（船舶、航空、鉄道、貨物自動車など）を利用して運送を引き受ける専門の事業者です。一般的には貨物利用運送事業者のうち国際輸送を取り扱う専門業者を指します。

つまりあなたは、日本のフォワーダーに、面倒な海外からの輸送、保険のすべてを一括して任せてしまえるのです。費用のすべては一旦、フォワーダーが立替払いしてくれ、後から一括して代金を払うという形が主流です。

保険会社や運送会社に連絡を取って、交渉し、それぞれに支払うなんて面倒なことは、あなたはしなくてもいいのです。

また、通関はどうなっているの？　こんな疑問も出てくるでしょう。

基本的に、関税等を納税する通関業者と荷物を運ぶフォワーダーは別会社です。しかし、今は、通関まですべてフォワーダーがやってくれるケースが多いのです。さらに今は、通関後の国内発送まですべてやってくれる業者もあり、保険についても相談に乗ってくれます。

要は、海外から日本に商品がやってくるまでのプロセスをすべてやってくれるということです。

輸入ビジネスは究極、物販です。

大事なのは、売れるものを見つけることと、実際に売ることです。あなたはその二つだけにエネルギーを注ぐべきなのです。その間にある面倒なことは、すべてプロに任せればいいのです。

一見、難しそうに見える――この偏見が、輸入ビジネスの障壁を感じさせている原因です。ただ、実際の構造はシンプルで取り組みやすいビジネスである、ということはわかっていただけたのではないでしょうか。

第6章

輸入のトラブルQ&A

ここまで、輸入ビジネスの魅力やその可能性についてお伝えしてきました。
では、ここからは実際やってみた場合に起こり得るトラブルについて事前にお伝えします。対策用に使っていただいても構いません。

まずはサンプルについて触れていきます。

〈サンプル〉

Q オーダーの際、サンプルとはまったく違う商品が届いた場合

主にアジア諸国で、届いた商品がサンプルより品質が劣っていたといったケースが多く見られます。そうしたケース以外にも、届いた商品がサンプルとはまったく似ても似つかないものだったということも起こり得ます。

私たち日本人にとって信じられないことなのですが、海外との取引では現実的に起こり得ることなのです。

なぜ、サンプルと現物とでこんな違いが起こるのでしょうか？　その秘密は、サンプルと現物の作られ方にあるのです。ここまで明かす本はないと思いますが、今回はここまでお読

みいただいた熱心な読者の皆様に特別に公開させていただきます。

たとえば陶器の場合であればサンプルを作る際にモールドを使います。モールドとは「型」のことで、いわゆるひな形と呼ばれる類のものです。展示会に出品するサンプルは商談が有利に働くようていねいに作ったモールドを使うのです。

展示会用のモールドで作られたサンプルは、実によくできているため「これなら商品になる」とトライアルオーダーを出しますね。すると、なんと展示会用サンプルとは違うモールドを使って商品を作る場合があるのです。

なぜ、違うモールドで平然と商品を作り、送ってくるのでしょうか？

コストカットのためなのか、実際大量生産に踏み切った場合に最初のモールドでは対応しきれなかったのか…。

いろいろな要因が考えられますが、実際に起こり得ることです。私が経験したケースでは輸出者の弁解として、サンプル用のモールドを紛失したとのことでした。これも事実かどうか、真相は闇の中です。

A対応策

事前→こうしたケースに備えるため、契約書に「契約段階で入手したサンプル通りの品質、形状のものを送ること」を明示しておくことが重要です。

事後→前もって保存しておいたサンプルと照合し、その度合いによって交換、返品と返金、値引き等でカバーしましょう。

Q サンプル通りに作り直しを要求したい場合

前項のようにサンプルとトライアルオーダーで到着した商品を比べた場合、サンプルよりはるかに劣っていたため、さっそくメーカーにクレームを出した。すると「サンプル通りに作るのは可能だが、その分のコストがかかる」と言われてしまった。

これもよくあるパターンですので、こうした問題をできるだけ防ぐために契約書が重要になってきます。契約書には、「サンプル通りの商品でなければならない」という項目を必ず入れておきましょう。この一項が入っていれば、輸出者に強いクレームが提起できます。

輸入者が作る契約書には「契約後、いかなる理由があっても、価格のアップは認めない」という条項を必ず入れておきましょう。この一項が入っていないと、何を理由に価格アップを求められるか分からないからです。輸入者としては当然の項目と言えます。

一方の輸出者は「諸般の事情により、価格が上がることもあり得る」という一項を必ず入れてきます。これも、輸出者としては当然ですね。

契約書というのは輸出者と輸入者の双方が独自に都合のいいように作り、相手に送り付けてサインを求める形が多いのです。このままでは平行線をたどることになってしまうため、気になる部分を指摘し削除を申し出てください。

こちらの申し出が通るかどうかは相手次第であり交渉の部分にはなりますが、基本的に相手は削除してくれるケースが圧倒的に多いのです。相手がこちらの言い分を認めると、その部分を削除した新しい契約書を作ってくれます。

その契約書を元にし、サンプルコストの交渉をすれば優位に運べるのです。

A対応策

事前→やはり、こちらも契約書に「サンプル通りに作る」という条項を忘れずに入れておくことが重要です。同時に、「契約後は、いかなる事情があろうとも、価格のアップは認めない」旨の条項を入れておきましょう。この条項は、輸出者が作る契約書にはまず絶対に入っていない条項であり、その意味でも、契約書は輸入サイド（あなた）で作成する必要があります。

事後→サンプルと違って品質が劣るものであれば、その一点で交渉してください。モールドに対するコストを付加された価格アップは認めない方向で進めましょう。

Q 輸入した木製品に割れが入ってしまった

木製品の場合、湿度が変わると割れが入ることがあるというのはご存知でしょうか？まず「木材は生もの」という感覚をもつ必要があります。そのリスクを考えると扱わないことが一番なのですが、木製品には捨てがたい魅力があるのです。その魅力とはズバリ、利幅が取れることです。木製品はハイリスク・ハイリターン商品と言えますが、ひび割れなどの問題がどの程度の率で起きるのかということがポイントになります。扱うのであれば、歩留まりを想定して、最初から採算に織り込んでおくといいでしょう。

私個人としては、歩留まりをだいたい90％程度に想定しています。不良品、あるいは不良品になるリスクを10%見込むということです。値決めでは、90%の商品で商品価値を失った10%分の利益をカバーできる価格にするのがベストです。

もっとも不良品が10%というのは、中国からの輸入を想定しての数字ですので、欧米などからの輸入では2~3%程度と考えていいと思います。

現実を見るともっとひどい商品もありますが、これ以上になると完全に商品ではありません。たとえば10個輸入して5個に問題がある場合、その商品は欠陥商品と言うしかありません。

A対応策

事前→基本的には、この種の木製品は扱わないことが一番。

扱うのであれば、こうしたケースは必ず起こり得ることを理解したうえで、輸入する覚悟が必要です。扱う場合、最初からある程度の歩留まりを見て採算に織り込んでおく必要があります。

事後→修理はかなり高くつくのでひび割れの程度によっては、廃棄処分しかありません。

Q 欠陥電化製品をつかんでしまった

電気製品で、こうしたパターンはよくあります。たとえば、5回ほど使うとショートしてしまうドライヤー、しばらくすると映らなくなってしまうテレビなど、電化製品には潜在的な欠陥を持っている商品があることを認識しなければなりません。

輸入した商品の大部分でこうしたトラブルが起きたとしても、事実上、返品不可能です。だから、デザインが気に入ったとか、多少価格が安いとか、1回使って大丈夫だったといったことだけですぐに本輸入をしてはいけません。

仮に100台輸入して3台から不具合が見つかったと想定しましょう。日本の常識ではこのくらいの不良品率であっても欠陥商品扱いになってしまいますが、海外からの輸入ではこれくらいの歩留まりであれば欠陥商品とは言いづらいのです。こうした場合、3台分の商品から得られる利益は、どうカバーしたらいいのでしょうか。

その秘密を伝授します。

「この前の製品には不具合な商品が3台混じっていた。今回のオーダーで、その3台分を値引きしてほしい」

もちろん同じ取引相手にしか通用しないが、3台分の代金を送金してもらうより、この方法のほうがはるかに現実的です。

さらに、メーカーからも不信感を抱かれずお互いの友好関係を維持しやすいのです。

A対応策

事前→まず電化製品はこうしたことが起こりやすいと認識することです。

だからこそ、少量のトライアルオーダーをして一度様子を見るステップを忘れてはいけません。そして、まさかの時に備え、PL保険（製造物責任保険）には必ず加入しておきましょう。

事後→「損切りはやむを得ない」と考え、自主回収するしか手はありません。

「お客様にケガをさせなかっただけよかった」と思わなければなりません。

Q 商品の変質で、商品価値がゼロになってしまった

ヨーロッパから輸入する場合、気を付けてほしいところがあります。

それは「赤道」です。商品を輸送する船が赤道を通る可能性があるので、温度変化に弱いキャンドルやワインを輸入する際は注意しなければなりません。

ヨーロッパの人々は輸送ルートを知らないと考えておいたほうがよいのです。ヨーロッパ人のなかで、日本は極東にあると知っていればまだよいほうで、まず、日本がどこにあるかすら知らない輸出者も多いのです。

現代日本には、世界中の情報が洪水のように押し寄せてきています。日本人ほど、世界情勢に通じている国民はいないのではないかと思えるほどです。それに対して、現在でも、他の国々には自国以外の情報はそれほどあふれていないというのが現状です。

日本がどこにあるかを知らなければ、どうでしょう。

彼らが、日本への海上輸送では炎熱下の赤道を通ることなど思いもよらなかったとしても不思議はありません。

コンテナは鉄板やアルミでできています。商品は甲板上に船積みされているため、赤道を通過する際など、直射日光が当たってコンテナの内部は100度を超えてしまうのです。

これくらいの高温になると溶けやすいものは言わずもがな、そうでなくても何かしらのダメージをこうむり品質が変わってもおかしくありません。くれぐれもご注意していただきたいと思います。

A対応策

事前→あまり考えられないことですが、ヨーロッパから海上輸送されるコンテナは赤道を通ります。その際、コンテナの内部は100度以上になるため、キャンドルなどは溶けてしまいます。

高熱でも問題のないものは普通のコンテナでもいいのですが、溶けたり、変質したりすると商品価値がなくなるもの（ワイン、食品関連）は、契約書で「リーファーコンテナ（冷蔵庫付きのコンテナ）」を使うよう指示しておきましょう。

リーファーコンテナでもリスクが考えられる場合、海上輸送はやめて空輸するケースも多いのです。

事後→商品価値ゼロだから、打つ手はありません。いくら惜しくても、廃棄処分にするしか方法は残っていないので、くれぐれも事前準備を怠らないようにしてください。

〈契約〉

Qメーカーがパッケージの変更を納得しない

日本の場合、パッケージ（ギフトボックス）も商品の一部です。しかし、海外では外装というのは捨てるものという感覚があり、あまり神経を使わない傾向が強いです。パッケージがらみでは、とにかくいろいろなことが起こりがちです。

ヨーロッパ各国の輸出者は、だいたいユーロ圏やアメリカ市場をターゲットにしている場合が多いのです。民族性として、エコロジーとか安全性の問題意識レベルはかなり高いのですが、パッケージにはあまりこだわらない傾向が強いです。

さらに欧米では、日本の問屋に相当する中間業者があまりいません。小売業者が直接メーカーから買い、簡単なパッケージのまま消費者に売っているのです。日本とは流通形態が根本的に違うのです。

パッケージをあまり気にしない欧米市場を主戦場としているヨーロッパの輸出者は、「日本向けだから……」とは考えません。日本市場の特殊性も知らないから、いつもの商品と同じ梱包で出荷してしまうことになるのです。

そこで、高価格の商品にふさわしいパッケージにしたいあなたに、絶好のフレーズ、殺し文句をお教えします。

「これは私が言っているんじゃない。あなたの気持ちも分かるけど、日本のマーケットが言っていると思ってほしい。日本のマーケットと付き合いたければ、その勉強をしていると思ってほしい」

日本市場は、非常に魅力的な市場です。

やる気があり、日本市場での売上げを伸ばしたいメーカーであれば今のフレーズで納得してくれるはずです。

A対応策

事前↓日本では、パッケージも商品の一部である。商談相手がそのことをよく認識して、それに対応できるのかどうかを実際のパッケージで確認したうえで、取引を始めることです。よく言われることですが、日本の常識は世界の非常識。世界の常識は日本の非常識でもあるのです。

Q 担当者が長期バカンスで連絡が取れない

日本では、休暇中といえどもほかの人間が聞き、連絡を取ってくれる場合が多いです。ビジネスファーストの感覚である日本人は日曜日でも連絡が取れるのですが、そうした感覚は欧米諸国にはまったく通用しません。

バカンスは長期休暇ですが、休日も国によって異なります。中国は2月に旧正月があり、その間はいっさい動かないと思わなければなりません。

この期間に一生懸命に電話をかけても、メールを送っても、返事は来ないのです。

取引相手国の休日を知りたければ、どうするか？

簡単な方法があります。取引する相手国のカレンダーを入手するか、担当者へ事前にだいたいの年間スケジュールを聞いておきましょう。そうすれば、相手の国の何月何日が休日になっているかは一目瞭然になります。

A 対応策

事前↓取引の前に、相手国の文化を理解することが重要です。特にその国のバカンス休暇や休日のパターンは必ずチェックしておき、余裕を持ったスケジューリングをしておくことが重要です。

Q 商品が破損したが、海上保険をかけ忘れていた

到着した商品の一部が破損していました。海上保険をかけ忘れていたため、破損した貨物は廃棄せざるを得なくなりました。かけ忘れに備えた保険のかけ方はありませんか？

上記のような質問をいただく場合があります。

外交貨物海上保険は、輸送開始前に申し込む必要があるのです。しかし現実的には、その時点では保険申し込みに必要な内容（船名、船積港、出港日など）は分かりません。

契約を結んだらできる限り早く「予定保険」を申し込み、輸出者から出荷案内（Shipping Advice）が届いたら、確定保険に変更する方法を取りましょう。

取引のつど外交貨物海上保険をかけるのは面倒ですが、実は外交貨物海上保険には2種類用意されているのです。

①個別予定保険▼文字通り、個々の輸入のたびに申し込む保険

②包括予定保険▼継続的な輸入がある場合、保険会社と事前に結ぶ保険

包括予定保険を利用すると、1回ごとに予定保険を結ぶ手間が省けるうえ、保険のかけ忘れによるリスクが防げます。さらに、確定保険に申し込みだけですむので便利なのです。

輸入ビジネスで扱う商材は様々で、破損しやすいものもあれば、まず破損を心配する必要がないものもあります。

包括予定保険でも、事前に扱う商材すべてにわたって支払う保険料を決められません。輸入する商品は、随時変わっていくものでもあるからです。

そこで、比較的扱いが多い商材を申告し、事前に、ある程度の保険料（保険金額×保険料率）を決めるのです。

商品が変わっても、ここで取り決めた保険料率が適用されるケースが多くなります。

これがちょっとした裏ワザです。

A対応策

事前↓かけ忘れを防ぐ意味で、一定期間、1回1回かけなくても包括的にすべてに保険が自動的にかかる包括保険の仕組みを利用しましょう。

事後→保険のかけ忘れは自己責任です。廃棄処分にせざるを得なくなったとしても、損害を補塡してくれるところはありません。保険のかけ忘れで失敗したら、必ず保険をかけることを教訓として生かしてください。

Q 到着が遅れ、普通の通関だと納期に間に合わない

シーズンものや期間が限定される商品の場合、こうしたケースが発生しかねません。たとえば、お正月用のカズノコのように食べられる時期が決まっているもの、ボジョレーヌーボーのように解禁日が決まっているものもあります。

こうした商品の場合、輸入者は解禁日ギリギリに港に到着するように手配しておきましょう。早く輸入しすぎると倉庫代がバカにならないからです。

輸出者が作る契約書に、次のような一項が書かれているケースがあります。

「やむを得ない事情があった場合、納期が遅れることもある」

これに対し、輸入者が作る契約書ではこう書かれます。

「いかなる理由があろうと、納期は厳守すること。納期が遅れた場合、1日の遅れについて○○のペナルティ料を支払う」

双方がこの姿勢を貫くと、ビジネスはスタートしません。

先述したようにここも交渉するのです。

「納期の遅れは絶対に認められない。『納期が遅れることもある』という契約書の一項目は削除してほしい」

こう交渉すれば、輸出者は削除に応じてくれるのです。

製造に遅れが生じることも考慮し、輸入者は、ある程度余裕を見た納期に設定するのが普通です。しかし、予定より生産が遅れて納期ギリギリの商品到着になってしまった。

普通の通関では納期遅れのペナルティやキャンセルが生じかねない事態も起こり得る。

こうした場合、どうすべきなのか？

左記を参照してください。

A対応策

事前↓基本的に海外商品の納期は遅れるものとしたスケジューリングを考えておくべきです。
いろいろなリスクを考えた場合、タイトな日程は組んではいけません。

事後↓輸入申告と同時に「担保提供書（銀行等の保証書を添付）」と「輸入許可前貨物引取

り承認申請書」を税関に提出し、許可前に商品を引き取る手続きをすればいいのです。必要な書類は税関にすべてそろっているので安心してください。

Q 商品の一部に輸入できないパーツがあった

画期的な商品を発掘し、その商品を展示会に出展しようと計画したら、何とその商品の一部に輸入できないパーツが含まれていました……。

商品には、法律で輸入が禁止、あるいは検査や許可が必要なものがあります。

①輸入制限品……外為法（外国為替法）によって輸入が制限されているもの
②輸入禁制品……公安または風俗を害するもので輸入が禁止されているもの。たとえば麻薬、拳銃、コピー品、偽造紙幣、わいせつ品など
③輸入規制品……国内法（薬事法、酒税法、食品衛生法、植物防疫法など）によって輸入規制されているもの

うっかりしたために、私も、「植物防疫法」で苦い経験をしたことがあります。スペインのある展示会で、テーブルランプのボディの部分がガラスになっていて、そこにドライフラ

ワーが入っているという魅力的な商品を発見したのです。スイッチを入れるとドライフラワーに光が当たり、何ともかわいらしい商品でした。

日本未上陸の商品で、消費者にも受け入れられる自信がありました。交渉の結果、私は、期間限定ではあったが独占販売権を得ることに成功し、この商品を「東京インターナショナルギフトショー」に出展する決意をしました。

商品はショーのギリギリ前に届く手配になっていたのですが、いつまで待っても商品が届かない…。

通関業者に問い合わせると、こんな返事が返ってきた。

「貨物が全量検査されています。今回の輸入分のうち、輸入できないものが含まれているようです」

業者が税関に輸入申告すると、税額を確定させるために、税関は個々の申告を次のような区分に分けます。

①区分1……審査なし
②区分2……書類審査
③区分3～5……現品検査

このうち、現品検査には「見本検査」「一部指定検査」「全量検査」の三つがあり、私の商品が全量検査に回されてしまいました。

商品の一部に「植物防疫法」で輸入できないものに該当する疑いがあったからです。いまさら見本市への出展取り消しはできず、検査に時間がかかってテーブルランプも見本市に間に合わない。とんだ大恥をかきました。

見本市期間中、私のブースには、サンプル輸入した三つの商品がポツンと並んでいただけで何とも情けない出展となってしまいました。

後日、この商品はドライフラワーの部分を取り除いて輸入しました。それでも商品価値はあると判断したからです。

A対応策

事前↓輸入は基本自由ですが、いろいろな事情によって規制がかけられているものがあります。

輸出先では問題なく販売されていたとしても、それが必ずしも日本でも販売可能であるとは限りません。あやしいと感じたものは、必ず事前にサンプルを取り寄せて税関、もしくは関係官庁におうかがいを立ててから輸入すべきです。

検査になった場合、かかる費用はすべてあなたの負担となります。検査費自体はさほどではありませんが、コンテナを開ける費用（デバンン）や、抜き取り後の積み込み（バン詰め）などが加算されると、驚くような金額になります。区分3～5は避けたいのは人情だと思います。

その〝いい方法〟を伝授しましょう。

「日本貿易関係手続簡易化協会（03‐3555‐6034）」で行なっている「日本輸出入者標準コード登録」を登録してください。

特に同じ商品を何度も輸入することが考えられる場合、絶対に登録をおすすめします。私の実務経験から、区分3～5になる確率は飛躍的に少なくなるのです。

事後↓輸入規制に引っかかるパーツを取り除けば、輸入は可能です。ただ、その部分がなくとも商品価値があればの話です。取り除いた場合に商品価値がなくなるようでは、やむを得ないが廃棄処分にするしかありません。

Q 健康食品を輸入したが、「薬機法」に引っかかった

薬機法（旧薬事法）がらみの健康食品もよく問題になります。健康食品の輸入は注意した

い商品の一つです。輸入者が薬機法に該当するのを知らなかったために起きやすいトラブルであり、許可をとる際にも常時、社員として医師、薬剤師等を置かなければならないなど高いハードルが存在するのです。

さらに重要な問題が一つあります。それは消費期限の問題です。健康食品のような商品で消費期限があと数ヵ月に迫っている場合、まず流通ルートには乗せられないのです。問屋に卸し、それから小売店に流れている間に消費期限が切れるか、残り期間がわずかになってしまうからです。販売期間が短い商品は、問屋も小売店も扱いたがりません。

仮に、通関できるような条件を整えたとしても、日本の薬機法では、許可なしで健康食品の効果効能を謳ってはいけないことになっています。

ネーミングでもそのままではグレーゾーンか、明らかに薬機法違反の商品が多数存在します。グレーゾーンの商品はストップがかかる可能性があり、薬機法違反のネーミングの商品は輸入できないのです。

薬機法がらみの商品は、ハイリターンが期待できます。しかしながら、無事に通関でき、販売ができ、市場に受け入れられての話です。それまでには高い壁があることをしっかりと念頭においてほしいと思います。

A対応策

事前↓化粧品、医薬品、健康食品などを輸入販売する時は、許可が必要です。日本の法規制上で問題ないか、もしくはどういう条件のもとでなら輸入可能なのかを調べておくことが重要です。さらにはネーミングや効果効用にも注意が必要です。

事後↓製造・販売の許可を持っている業者に輸入を代行してもらい、とにかく輸入をしてもらうという手もないわけではありません。

Q特恵関税の申請に必要な書類を取り寄せ忘れた

特恵関税を使って関税を無料にするためには、言うまでもなく、特恵関税が使える国や地域からの輸入でなければなりません。申請に必要な書類もあり、手続きは通関業者に委託するとしても、必要な書類はあなたがそろえなければならないのです。

特恵関税を受けるためにはまず、「特恵関税用の原産地証明書（Certificate of Origin）」が必要となります。この証明書には厳格な要件が必要とされています。

① Form A様式であること

②発行者は商工会議所、輸出国税関、またはしかるべき機関であること
③輸出前に発行されたものであること
④インボイス（納品・請求書）の輸入品目が証明書と一致すること
⑤日本の税関の登録のスタンプ、およびサインがあること
⑥修正された場合は、発給期間の修正印が押してあること

注意すべき点は、原産地証明書は特恵関税用の原産地証明でなければならないことと、原本でなければならないことです。

つまり、コピーは認められないのです。

「特恵関税用の原産地証明書を作ってください」

輸出者にこう要求するのが一番です。

もしこう言っておかないと、輸出者は作りません。あなたが特恵関税を利用しようとしているのかどうか、分からないからです。

自分の面倒になることを、わざわざ相手は言いません。

A対応策

事前↓輸出前の相手に、必ず「特恵関税用の原産地証明書」の原本を要求しておきましょう。

事後↓手元に書類がないのだから、有税になっても打つ手はありません。

〈販売〉

Q 「パッケージがお粗末」と返品をくらった

気をつけなければならないのは、たとえば10個入りで1セットの外装に入っているような商品です。お客様に商品を納める際、私たちは1個の商品それぞれにパッケージがないと困ります。

1個ずつ、別々にパッケージに入れてください。こう念押ししておかないと、10個が1つのダンボールに入った状態で届くことになります。

海外の輸出者はまずパッケージにあまり関心を持たないことを認識することが必要です。そう認識したうえで、こうした損害を未然に防止するために、パッケージについてくどいくらい確認しておくことが大切です。

A対応策

事前↓まず、世界的にはパッケージはさほど重要視されていない現実を知るべきです。

日本では、パッケージも商品価値を高める大事な要素であることを十分に説明しておきましょう。できれば日本のパッケージの現物サンプルを送り、納得のいくものを作ってもらうのも一手です。

事後→最悪の場合、日本で新たにパッケージを作って入れ替えることは可能です。ただし、その分のコストは自己負担となります。

Q 為替差損をヘッジする賢い方法はないものか？

貿易には為替リスクがつきものです。説明するまでもないかもしれませんが、契約時より円安にふれると、輸入ビジネスにはマイナスです。いろいろな経費がコストを押し上げ、最終的にあなたの利益を圧迫するのです。

私の場合、ユーロ高円安で悩まされたことがあります。

ユーロが最初に導入された時、1ユーロ＝120円程度でした。一時はドルとの逆転現象を起こして90円台まで円高になったことがありましたが、底を打って1ユーロ＝160円台まで円安に。とうていビジネスにならないので、この時ヨーロッパからの商品輸入は休まざるを得なくなってしまいました。

円安リスクをヘッジする方法として、大きく四つあります。

紹介しておきましょう。

為替予約をする

「為替予約」とは「商品を受け取る際に必要な外貨の為替相場を事前に予約して決めてしまう方法」です。たとえば、「1ユーロを2ヵ月後に130円で買う」と予約・確定させます。その時の相場が1ユーロ＝140円であろうが、150円であろうが、あなたは1ユーロ＝130円で買う（交換する）ことができるのです。

通貨オプションを利用する

この方法は、①の為替予約の応用編になります。

まず①のように為替予約をし、同じように1ユーロ＝130円だったとします。

通貨オプションを使うと、期日のレートが1ユーロ＝120円の円高になった場合、予約をキャンセルし、安い為替相場で輸入決済ができます。

逆に、さらに円安になった場合、最初の1ユーロ＝130円のレートで決済できるのです。

あなたにとって非常に有利な取引になりますが、「オプション料」と呼ばれる手数料がかかります。通貨オプションを利用する際、販売価格にオプション料も織り込む必要があります。

自社の為替レートを円安気味に設定しておく

為替レートが円安にふれても採算が維持できるように、自社の為替レートを円安気味に設定し、国内販売価格をあらかじめ高めにしておく方法です。個人や中小企業で輸入ビジネスを行なう場合はこの方法が一番現実的で、最も多く用いられています。

円建て契約にしておく

円安リスクは、外貨を決済する時に発生します。決済通貨を円建て（円で支払う）にしておけば、あなたの円安リスクは発生しません。

ただし、輸出者は外貨である円で受け取りますから、自分に為替リスクが発生します。欧米や中国はなかなか難しいですが、韓国や台湾では円建て契約でやってくれる場合もあるので提案してみるといいでしょう。

A対応策

事前→為替レートの変動に関しては、輸出より輸入のほうが対応しやすいのです。基本的に、価格幅がある商品を輸入するため、為替差損があっても、損失を織り込んで価格が付けやすいためです。実務的には③を使う業者が多く、私もこの方法を使っていました。

事後→輸入ビジネスにとって、為替の変動は影響が大きいのです。ここで掲げたような賢い円安対策を勉強し、実際に役立てることが重要です。

Q 強力なライバルと競合してしまった

日本市場で売れる商品の条件とは、どんな条件でしょうか？

私の結論を言えば、「圧倒的にズバ抜けていること（outstanding）」です。日本ではもう、「良い（good）」とか「優れた（excellent）」では物足りないのです。

同時に、「日本未発売」や「日本初上陸」といった条件を備えていればさらに魅力を増します。お客様心理としては、新しいものを欲しがるからです。

日本初上陸、日本未発売の商品は、それだけで十分に訴求力を持ちますが、違う側面から見れば、商品を浸透させ、認知させるためには時間と資本が必要ということにもなります。あなたの努力が報われ始めたとたん、大きな資本を持つライバルがあなたの顧客を奪っていくようなケースも起こり得ます。

対策はどうすべきか。

それは「独占販売権（総輸入代理権）」を獲得することです。日本未発売で、日本市場で有望と思われる商品を発見した時、必ず、独占販売権付きの販売契約を結ぶことを忘れてはいけません。交渉の努力が実って相手が「あなたを日本での輸入総代理店としよう」と言ってきたとしましょう。

そこで決して有頂天にならずに、必ずあなたの名前（会社名）と相手の名前を入れ、お互いがサインした契約書面にしておきましょう。

この書面は契約の事実を示すだけでなく、のちのち何かあった時の証拠になるからです。

A対応策

事前→日本未発売の魅力的な商品を発見したら、「独占販売権（総輸入代理権）」を取る交渉に全力を傾けましょう。独占販売権なしで販売に当たるのは、ザルで水をすくうようなものと心得ておく必要があります。

事後→相手が強力な場合、価格の消耗戦に陥ると勝てません。かけた時間と費用は惜しいが、損切りできるならその商品は処分し、別の商品でのビジネス展開を図るべきでしょう。

エピローグ

この本を読み終えたあなたへ

私は、「ああ、いい本だった」と言ってほめてもらいたいわけではないのです。「ああ、こういったこともあるんだ。おもしろかった」と言ってもらいたいわけでもないのです。そうつぶやいたあなたは、また忙しい日常に戻っていき、この本で得られたこと、いや本の存在すら忘れて、埋没していってしまうでしょう。

でも、ちょっと考えてほしいのです。あなたは、人類誕生以来、一体どのくらいの人が、生まれ、愛し合い、そして土に還って行ったのかご存知ですか?

初めて石器を使うヒト属ホモ・ハビリスが現れたのが、200万年前と言われています。人類学者の香原志勢博士は、「人類生物学入門」の中でその数を1120億人とおっしゃっています。その200万年の間に人々は一生懸命生き、愛し、そして土に還って行ったのです。そして約16万年前に現生人類が誕生して以来、この世に生まれ出た総人口は約5000億人と推定されています。

そして今2018年現在、世界の総人口は75億人といわれています。

今、私は思っています。記憶にも残ることのない古《いにしえ》から、こんなにも、こんなにもそしてこんなにも多くの人が存在した中で、今、私とあなたがこうしてお会いしていることは、まさに奇跡ではないでしょうか？

そしてこれは何か運命的な必然なのだとは思いませんか？

そうなのです。我々は、偶然ここで出会っているのではないのです。

意味があってここで出会っている。

We are here for reason.

私たちは、今、深くかかわろうとしているのです。

だって、そうでしょう？　これだけの悠久の時間の中で、同じ時代に、同じ所に生まれ、今こうして同じ時を共有しているのです。

人間が一生に出会う人数が何人であるかご存知ですか？

なんと、3万人なのです。
近い関係になるのが3000人。その中で、仲良くなるのが300人。
そして、その中で友として呼べるのは30人。親友と呼べるのがたった3人なのです。

出会いの確率を考えると、その数は想像を絶するくらい天文学的だということに気づかされます。
その確率を見てみましょうか?
計算しやすくするため、世界人口を73億と想定しますね。
何らかの接点を持つ人と出会う確率は24万分の1
同じ学校や職場、近所の人と出会う確率は240万分の1
親しく会話を持つ人と出会う確率は2400万分の1
友人と呼べる人と出会う確率は2億4000万分の1
親友と呼べる人と出会う確率は24億分の1
驚きではないですか。こんな奇跡的な可能性の中で私とあなたは出会ってしまったのです。
そうなのです。これは、まさに奇跡が重なって起こった運命なのです。偶然じゃない、必然的に会ったあなたに愛を感じています。73億人のうちのたった3万人しか会わないのですから。

1120億人のうちのたった3万にしか会わないのですから。それだけでそれはもう運命なのですから。

一瞬の出会いを永遠に変える。

それができたら、どんなに素敵なことだとは思いませんか？


なぜ、私が、今日、あなたと運命的な出会いをしているのか？

なぜ、私が、あなたに輸入ビジネスについてお話をしているのか？


お話ししましょう。


40年前のことです。当時、大学4年生だった私は、留年が決まり失意のうちにヨーロッパを放浪していました。スペインのアンダルシアにたどり着いた時、ふと思ったのです。

必ずここに戻ってくる、と。

そして、輸入ビジネスの世界に入ったのです。あれから長い月日が流れました。小さい時から人前に出ると顔が真っ赤になって、汗が出て、どもってうまく話せない。いわゆる赤面症ですよね。

俺ってどうしてこうなんだろうって悩んでいたものです。

でも、そんな私が今では世界中を飛び回り、外国人と渡り合い、多くの聴衆の前での講演活動、クライアントに対する輸入ビジネスのコンサルティング、TV出演、更には自分自身のラジオ番組を持つなど、人とのコミュニケーションをしているのですから、人間というものは不思議なものです。

実業としての輸入ビジネスに入ってからは、毎日が失敗の連続でした。輸入できないものを輸入しようとして港で止められ、泣く泣く廃棄したこと、入荷した商品が全部壊れていたこと、前払いしたのに商品が届かなかったことなどなど、今、思い出してみるとよくここまで来れたなっていう思いでいっぱいです。

それでも私は、あなたに輸入ビジネスの素晴らしさをお伝えするために日々の活動をしています。なぜか？私の小さい頃の夢は、外交官になることでした。ですが実際の私は、大学入学後に目的を失い、挫折し大学を留年してしまうのです。

翌年、受けた就職試験は、全て不採用。卒業式寸前の土壇場、2次募集枠でとあるメーカーにやっとの思いで入社。そして、入社後、3年目にしてその会社の最優秀営業員賞を獲得したものの、日本型ビジネスの限界に気付いた私は、悶々と満たされない日々を送っていました。

一度きりの人生、本当にこのままで良いのだろうか？

自問自答を繰り返す日々が続きました。そして、ある日ひとつの決断を下すこととなります。

それは、輸入ビジネスの世界に飛び込むことでした。幼き頃に描いた海外への夢が捨てきれなかったのです。

そして時は流れ、2009年1月に28年間続けてきた実業家としての輸入ビジネス人生に終止符を打ちました。その理由を説明するには、10年前に処女作を出版したときの話までさかのぼらなくてはなりません。出版により、私の人生は激変しました。

公的機関をはじめ多くの人にアドバイスを求められ、コンサルティングを依頼されるようになりました。貿易商と貿易アドバイザーという二足のわらじをはいて活動していたのです。月曜日〜金曜日までが貿易商。そして土日に、セミナー、講演会、コンサルティングをしてきました。

また、海外の展示会の場で行う個別コンサルティング（海外実践講座　http://importpreneurs.com/seminar/jissen-kaigai/）では午前中に自分の商談をし、午後はすべてクライアント様の要望する交渉、ということを3年にわたって続けてきたのです。

外交官にはなれませんでしたが、幼い頃夢に見た海外での仕事、しかも人に教える先生のような立場になり喜びに震えました。しかし、ある時を境に私の気持ちは大きく揺れることになるのです。現役で貿易商をしながら、人に教えることに矛盾を感じるようになりました。

私のコンサルティングは、クライアント様と一緒に海外の展示会に行き、意向を聞いた上で私が、リアルに独占販売権の獲得交渉をやってみせるのです。ですから、クライアント様と私の会社との利害が真っ向からぶつかる時があるのです。クライアント様にコミットし、深く入って行けば行くほど自社のビジネスとぶつかっていくことに気付いたのです。

これが、苦悩の始まりでした。アドバイザーとしては、クライアント様の利益を優先させなければならない立場にも関わらず、心のどこかで真にクライアント様の成功を祈っていない自分に気づいてしまったのです。

私は、自分を恥じました。困惑、苦悩しました。自分では「一生懸命・誠心誠意」教えているつもりでも、どこかツボだけは、教えていないのではないのか？　と葛藤する自分の心に気づいてしまったのです。なんて不謹慎な男なのだろう、と自分自身を責めました。アドバイザー業をやめて、貿易商に専念するのか？

もしくは、これから貿易を目指す若き社長様のために残りの人生を捧げていくのか？

その時の私には、すでに両方を続けていくという選択肢は消え失せていました。そのまま両方続けていては、信じてくれるクライアント様に申し訳ないと心底思ったのです。そして、決断しました。

自分くらいの貿易商なんて、世の中にたくさんいる。だけど、これから輸入ビジネスを志す人に、自分よりも懇切丁寧に教えられる人はきっといないはず。

私の人生は、失敗と挫折の連続でした。特に我が28年間における輸入ビジネス人生では、自分が嫌になるくらいの失敗を重ねてきました。「もうだめだ」と何度も思いました。その度に這い上がってきた経験は、きっとお役に立てると確信したからです。

時は、2009年1月16日。私は、輸入コンサルティング会社㈱インポートプレナーを立ち上げました。これは、すなわち貿易商としての自分への決別でもありました。

もう、後戻りはできないのです。

そして今の私は、日々充実感に満ちた毎日を送っています。

死生観をもって、今を一生懸命生きる!

今、目の前のあなたにだけ集中して心を注ぐ。仮に明日朽ち果てようとも。

あとがき

～まだ見ぬあなたへの最後の贈り物～

私のミッションは、「日本人の国際競争力、国際的価値を世界No.1にする」ことです。来るべき関税フリー時代に向けてこのミッションに私の残りの半生を注いでいます。この自分のミッションの早期実現のため、現在三つの活動に特化して展開しています。

一つ目は、著述活動です。

現在まで、この本を含めずに8冊を世に問うてきました。あなたの熱い支援のおかげでいずれもベストセラー、ロングセラーとして今なお輸入ビジネスのバイブルとして読み継がれています。

また輸入ビジネスの最新情報を包み隠さずお話ししている無料のメールマガジンは、読者数2万5000部を誇る、「日本一の輸入ビジネス必読メルマガ」として高く評価されています。

こちらからお役に立てますからぜひ手に入れてください。

http://importpreneurs.com/dougamm/

【登録してくださったあなただけに特別なお知らせ】

上記メルマガに登録して頂いたあなたには今回、特別に本書に収めきれなかった下記の内容の動画（合計　31分43秒）もプレゼントします。

1. 利益を2倍にする方法とは？
2. 輸入ビジネスは何から始めればいいのか？
3. 本当、本物の輸入ビジネス®とは？
4. 輸入ビジネスの5つの誤解
5. 輸入ビジネスをすぐに始めるべき理由

ぜひ登録してください。他では見れません。

必ず、あなたのお役にたてます。

２つ目は、講演・セミナー活動です。

現在までに、１０００人を超える方に参加をしていただいています。

本当、本物の輸入ビジネスは、時がたっても決して色あせることがないことの証明です。（戦略的輸入ビジネス構築セミナー初級編 http://importpreneurs.com/seminar/kiso/）
この本を読んで、挑戦したいと思ったあなたは、ぜひ愛（会い）に来てください。
私は、あなたをとびっきりの笑顔で迎えます。
だって同志ですから。

そして、3つ目は、前述した海外でのコンサルティングです。

あなたと海外の展示会にご一緒し、外国人との交渉の仕方、独占販売権の取得法を全部包み隠さずお見せします。

（海外実践講座　http://importpreneurs.com/seminar/jissen-kaigai/）


これは、単なる座学ではなく、実際に海外の展示会の現場にクライアントであるあなたと同行し、要望をその場で実現する様をみせることによって私の交渉術を会得してもらうものです。

単なる、商品の発掘ではなく、クライアントに対人折衝という永遠のスキルを与える、「日本唯一の海外で行う実践的な講座」なのです。

端的に言うと、海外の見本市で行う外国人サプライヤーとのマンツーマンでの交渉のあり方、対人折衝のコンサルティングです。

これは、あなたの会社の新規事業としての、そして輸入ビジネスで起業したいと考えているあなたに対して、あなた自身の得たい結果を踏まえた上で、交渉のあり方を実際に私がやって見せる、私の背中をみせることによってあなたは、その過程を自分事として学んでいくという実践参加型の講座なのです。

来るべき関税フリーの波に飲み込まれる前に、あなたをはじめ一人でも多くの日本人が、世界に伍していけるだけのスキルを身に着けて欲しいからです。

海外の見本市での商談は、会った一瞬が勝負です。

もっと言いましょう。

私の仕事は、その一瞬で決まってしまうのです。

相手は、できるだけ短時間で適正なパートナーを探したいと欲しています。彼らは、長いキャリアの中で、その直観力を磨いています。瞬時に相手を値踏みするのです。

私自身の仕事の時の交渉は、ダメであってもそれは、自分の業ですから、また次でいいやと思えます。

しかし、あなたの要望であれば、なにがなんでも、絶対に絶対に、無理でした、ダメでしたとは言えないのです。

少なくとも、自分のせいで交渉が成立しなかったというのは、プロとしてあるまじきことです。

ですから、いかにして一瞬で相手に評価され、場合によっては気に入られ、そしてYESと言わせるのかが私の最大の任務であり責務なのです。

戦略的にその一瞬をドラマチックなものにする必要があるのです。

おかげさまで、平成7年に第1回の海外実践講座を6人でスタートさせてから、11年間で885人の塾生を輩出してきました。

私は、その885人の人とお一人お一人お会いし、そして国内での事前打ち合わせをしてそして海外で一緒に同行する前にも、クライアントの要望を確認してそしてそれぞれの方と、マンツーマンで指導を行ってきました。

もし一度でも、私を信じてくれたあなたの期待に沿えなかったら、潔く引退しよう！　って心に決めながら。

あなたの成功をあなたの隣によりそって心から支援する。これを、私は、最も重要なことだと思っています。

人は、千差万別です。

型にはめて、判断するようなことはあってはならないと考えています。それが、私にあたえられた天職だと信じています。これからも私は教育者として残りの半生を、輸入ビジネスを志すあなたのために費やす決心をしているのです。

これらの活動を通じてあなたに、輸入ビジネスの圧倒的な優位性と楽しさを伝えていきたいと考えています。

私から読者のあなたへ特別なプレゼントがあります

私が、28年にわたる輸入ビジネスの現場で実践してきたこと、クライアントさんが実践してきたことの中でも、成果のあったこと、あなたに役立つと思うものに限定してお話をしてきました。

ただ、輸入ビジネスでは、海外との取引という観点から日本の習慣にないもの、相入れないものもあるのも事実です。それが、ハードルが高いと思われる所以なのですが。

特に海外交渉での、前提やスタンス、実際の流れ、どういうトーン、雰囲気で接するか、どういう順番で要望を繰り出すか等などといったことについては、文字にしづらく涙を飲んで割愛せざるを得ませんでした。でも、そこはあなたにとって最も知りたい重要な部分でもあるのです。

そこで、本書の読者限定で、輸入ビジネスのつぼを365本の動画にまとめました。あなたの成長に合わせるように毎朝6時50分に1日1トピック完結型でお送りします。毎日、3分だけこの動画に投資してみてください。あなたは、これだけでも頭一つ飛び抜けるはずです。

これは、あなたのために365日動画で配信するという世界で初めての試みにチャレンジしているものです。「世界初　365日動画でわかる輸入ビジネス」登録は、こちらからできます↓（http://yunyu-bible.com/?p=213）

登録して下さったあなたには、これだけではありません。

【登録していただいたあなただけへの期間限定特典動画】

1．7000人を超える方々に受講いただいた大須賀祐の不滅の金字塔インポートプレナー初級講座ダイジェスト（34:11）をはじめ
2．市場を独り占めできる独占販売権は誰にでも獲得可能なのか!?【動画でわかる輸入ビジネス】（20:49）
3．どのような商品を選んでいくのか？【動画でわかる輸入ビジネス】（20:25）
4．どのように価格を設定していくのか？【動画でわかる輸入ビジネス】（21:30）
5．輸入ビジネスの起業の仕方と進め方【動画でわかる輸入ビジネス】（28:58）
6．いかにして国内で販路をつくるか？【動画でわかる輸入ビジネス】（22:47）

（6本の合計時間　148分40秒）

この特典は、期間限定でお届けします。

登録を忘れてチャンスを失わないよう今すぐ受け取ってくださいね。

必ず、あなたの人生が変わります。

最後になってしまいましたが、この本が世に出るきっかけを与えてくださった方々に心からの御礼を述べさせてください。

私のわがままをいつもうんうんとうなずきながら笑顔で聞いてくださった株式会社J.Discoverの城村様。そして、みらいパブリッシングの社長様、編集長様、そして担当編集者の皆様、心からの感謝を込めて言わせてください。ありがとうございます。とっても充実した気持ちでいっぱいです。

そして私のかけがえのない仲間たちである、インポートプレナーズクラブ（http://

importpreneurs.com/member/）の会員の皆様へ

あなたがたは私のかけがえのない宝物です。あなたがたの応援なくしては、この天職を全うすることはできません。いつもどんなに勇気づけられていることか。

これからも共に加速進化しましょう。

星の数ほどの感謝をこめて……。

ありがとう！

また、私のアドバイスを忠実に実行してくださったクライアントの皆様へ。

本当にありがとうございます。

皆様の成功は私に大きな自信を与えてくれました。

ありったけの感謝をこめて。

講演、セミナーを熱心にお聞き下さったあなたへ。

あなたがたの熱心に聞いてくださる姿にどのくらい励まされたか。

心からの感謝を込めて言わせてください。

ありがとうございます！

そして、陰でなにも言わずに支えてくれた、家族にはありったけの愛と感謝を込めてこう言わせてください。

あなたたちは、私のなにものにも代えられない財産です。これからも見守ってくださいね。

特に、年間に１００日を超える出張のために留守がちな私に変わって家を守ってきてくれた妻には、言葉で言い尽くせないほどの感謝を捧げたい。ありがとう！

君がいなければ、私は自由に海外を飛び回ることなどとうてい不可能だったでしょう。信じてここまでついてきてくれて本当にありがとう。胸がいっぱいです！

そして、私の最大のビジネス上のパートナーであり、相談者であり、マーケッターであり、よき理解者である、我が右腕よ。

君が、常に私の傍にいてくれることがどのくらい心の支えになっていることか。

君は、私にとって太陽であり月なのだ。常によりそってくれる君の存在がなければ、今の私は、なかったでしょう。ありがとう！　これからもずっと、ともに生きてください。

そして、常に本社をしっかり守ってくれる、スタッフの斎藤春喜さん。

インポートプレナーのほとんどすべての管理部門を一手に引き受けてくれる、君の存在なくしては、株式会社インポートプレナーは、継続できなかったでしょう。私の、無茶ぶりに一度も、「できません」を言ったことのないあなたの進取の精神がなければ、私は、こんなにも幅広く活動することはできなかった。本当にありがとう。これからもよろしく！

そして、そして、最後になってしまいましたが、ここまで一緒にたどり着いたあなた！

ありがとうございます。私は、あなたを思いながらこの本を書きました。
次はあなたの番です。あなたのことをもっともっと聞かせてくださいませんか？
もし、あなたのこれまでの人生が、あんまりいいものでなかったとしても、そんなあなたにこう言いたいのです。

「大変でしたね。でも、もう大丈夫です。私が、あなたを見つけましたから」


運命的な出会いをしたあなたが大好きです！！

出会ってくれてありがとう。

もう、感激で言葉にならない。

あなたが、いなかったら私はここまで来られなかった。

一人では、ここまで来られなかった。

もう一度、ありったけのありったけの愛と感謝をこめて言わせてくださいね。

ありがとう！


そして何かあったらいつでも左記宛にご連絡くださいね。

たとえ世界中の人があなたの敵になったとしても、あなたの輸入ビジネスには、いつも大須賀祐がついていますから。

info@importpreneurs.com

胸にこみあげる熱いものをおさえながらそっと筆をおきます。

奇跡的に出会ったあなたにありったけの愛と感謝をこめて！

コートダジュールにて

巻末サンプル／資料提供：株式会社インポートプレナー

船荷証券サンプル

Shipper
FUJIAN NANPING FOREIGNTRADE CORPORATION
NO.320 BAYI ROAD NANPING FUJIAN CHINA

B/L NO. FT41043

FUSCO
福建省輪船公司
FUJIAN SHIPPING COMPANY
79 Zhong Ping Road, Fuzhou, China
Tel : 3259900
Tlx : 02149 FUSCO CN
Cble : 0555

Consignee
TO ORDER OF SHIPPER

Notify Party
MARUO CO.,LTD.
85-1 HIRASAWA NAKAZAWA MACHIKITAMACHI
AIZUWAKAMATSU,FUKUSHIMA,JAPAN

ORIGINAL

Combined Transport BILL OF LADING

RECEIVED in apparent good order and condition except as otherwise noted the total number of containers or other packages or units enumerated below for transportation from the place of receipt to the place of delivery subject to the terms and conditions hereof. One of the Bills of Lading must be surrendered duly endorsed in exchange for the goods or delivery order. On presentation of this document duly endorsed to the Carrier by or on behalf of the Holder of the Bill of Lading, the rights and liabilities arising in accordance with the terms and conditions hereof shall, without prejudice to any rule of common law or statute rendering them binding on the Merchant, become binding in all respects between the Carrier and the Holder of the Bill of Lading as though the contract evidenced hereby had been made between them. IN WITNESS whereof the number of original Bills of Lading stated under have been signed, all of this tenor and date, one of which being accomplished, the other(s) to be void.

Pre-carriage by	Place of Receipt
Ocean Vessel Voy. No. HAI FENG SHAN V.0141	Port of Loading FUZHOU,CHINA
Port of Discharge	Place of Delivery TOKYO,JAPAN

Final Destination for the Merchant's Reference

Particulars Furnished by Merchants

Container No.	Seal No. Marks & Nos.	No. of containers or Pkgs.	Kind of Packages, Description of Goods.	Gross Weight	Measurement
MARUO			1X20' CONTAINER S.T.C. CY/CY		
ITEM NO.		602CTNS	CERAMIC PHOTO FRAMES AND PAPER BOX	8730.5KGS	29.13CBM
SAXU2007997/23735					
			SHIPPER'S LOAD,COUNT & SEAL FREIGHT COLLECT		

TOTAL NUMBER OF CONTAINERS OR PACKAGES (IN WORDS) SAY:ONE TWENTY FT.CONTAINER ONLY.

FREIGHT & CHARGES	Revenue Tons	Rate	Per	Prepaid	Collect

Ex. Rate:	Prepaid at	Payable at TOKYO	Place and date of Issue FUZHOU 0 3 NOV 2001
	Total Prepaid	No. of Original B(s)/L THREE/3	Signed for the Carrier AS CARRIER FUSCO 福建省輪船公司 FUJIAN SHIPPING COMPANY

Date 0 3 NOV 2001 LADEN ON BOARD THE VESSEL 福建省輪船公司 FUJIAN SHIPPING COMPANY Signature

SHIPPED ON BOARD
(TERMS CONTINUED ON BACK HEREOF)

注文書（オーダーシート）サンプル

ORDER SHEET

DESCRIPTION	QUANTITY	UNITPRICE	AMOUNT
LS001L	960	0.55	528
LS3001D	1200	0.55	660
LS3002B	1200	0.55	660
LS035K	1200	0.55	660
LS033H	1200	0.55	660
LS035L	960	0.55	528
LS101B	1200	0.55	660
LS03D	720	0.55	396
LS010A	720	0.55	396
LS002G	720	0.55	396
LS2006B	720	0.55	396
LS2009B	720	0.55	396
LS029C	720	0.55	396
LS0121A	720	0.55	396
LS601C	720	0.55	396
LS0135A	720	0.55	396
LS113B	720	0.55	396
LS3030A	720	0.55	396
LS024-1	720	0.55	396
LS3001E	720	0.55	396
LS0175B-3K	360	1.08	388.8
LS0172B-3K	360	1.08	388.8
LS0172B-3K	360	1.08	388.8
LS3030A-3K	360	1.08	388.8
LS03D-3K	360	1.08	388.8
LS3002B-3S	360	1.08	388.8
LS2007A-3S	360	1.08	388.8
LS001L-3S	360	1.08	388.8
LS0135A-3S	360	1.08	388.8
LS2007B-3S	360	1.08	388.8
TOTAL			13,392

インボイス請求書サンプル

ERCOLANO S.R.L.
l'arte nel legno

via s. renato, 17
P.O. Box 41
80067 Sorrento Na Italy
tel. +390818074360 - +390818074316
fax +390818782679
REA NA 514604 - Capitale sociale € 10.200,00
C. Fiscale - P. IVA IT 02767921212
www.ercolano.it - e-mail: info@ercolano.it

TIPO DOCUMENTO	N DOCUMENTO	DATA DOCUMENTO		PAG NUMERO

C.AG	NOME AGENTE	COD CLIENTE	PARTITA IVA	CODICE FISC. ESTERO	DESCRIZIONE PAGAMENTO	COD.DEP

RIFERIMENTO ORDINE	DATA ORDINE	BANCA APPOGGIO	VALUTA
			EURO

CODICE ARTICOLO	DESCRIZIONE	U.M.	QUANTITÀ	PREZZO	SCONTO %	IMPORTO	IVA
	Rif.ordine [illegible]						
[illegible]	Scatola musicale 15x11 "La Ghirlandata" Jewelry musicbox with image	Pz	10,000	37,00		370,00	NI
[illegible]	Scatola Musicale 13x18 "Blue Dancers" Jewelry musicbox "Blue Dancers"	Pz	10,000	37,00		370,00	NI
[illegible]	Scatola musicale 19x16 "The Kiss" Klimt Jewelry musicbox "The Kiss"	Pz	8,000	57,00		456,00	NI
[illegible]	Scatola Musicale 15x11 "Sunflowers" Jewelry musicbox "Sunflowers"	Pz	10,000	37,00		370,00	NI
[illegible]	Scatola musicale "Boating on the seine" Jevelry musicbox "Boating on the Seine"	Pz	7,000	37,00		259,00	NI
[illegible]	Scatola musicale "Dance at bougival" Jewelry musicbox "Dance at bougival"	Pz	10,000	37,00		370,00	NI
[illegible]	Scat. mus."Still life milkjug and fruit" Jewelry musicbox "Still life milkjug and	Pz	8,000	37,00		296,00	NI
[illegible]	Scatola Musicale "Sympheas Effet du Soir Jowelry musicbox "Waterlily Pond"	Pz	5,000	37,00		185,00	NI
[illegible]	Scatola musicale "Waterlilies Pond Jewelry musicbox "Waterlilies evening"	Pz	7,000	37,00		259,00	NI
[illegible]	Scatola mus. "Luncheon of boating party" Jewelry musicbox "Luncheon of boating pa	Pz	3,000	57,00		171,00	NI
[illegible]	Sca. mus."Sunday afternoon on the island Jawely musicbox "Sunday afternoon on the	Pz	8.000	57,00		456,00	NI
[illegible]	Scat.mus."Wild poppies, near argenteuil" Jewelry musicbox "Wild poppies, near arg	Pz	3.000	57,00		171,00	NI

L'Esportatore delle merci contemplate nel presente documento dichiara che, salvo indicazione contaria, le merci sono di origine preferenziale Italiana.

Ai sensi e per gli effetti del 1o comma art. 11 del D.M. 12/3/1981 (G.U. n. 82 del 24/3/1981) dichiaro di assumere diretta responsabilita' circa la veridicita' di quanto risulta dalla documentazione presentatavi.

Senza addebito di Iva ai sensi dell'art. 8 del D.P.R. n. 633 del 26-10-1972.

TOTALE MERCE	SCONTO %	NETTO MERCE	SPESE INCASSO	SPESE VARIE	TRASPORTO	BOLLI	TOTALE IMPONIBILE
3.733,00		3.733,00			254,50		3.987,50

SCADENZE RATE E RELATIVO IMPORTO	IMPONIBILE	IVA %	IMPOSTA	TOTALE IMPOSTA
[illegible] 3.987,50	3.987,50	NI.8/1		

TOTALE DOCUMENTO: 3.987,50

N. COLLI	ASPETTO ESTERIORE DEI BENI	PESO IN KG	PORTO	VALUTA
********54*	Cartoni/Cartonboxes	****73,500*	Franco Fabbrica	EURO

TRASPORTO	VETTORE	DATA	ORA	FIRMA
A mezzo Vettore	United Parcel Service			

CONDIZIONI GENERALI DI VENDITA: Gli ordini si intendono accettati salvo approvazione della ERCOLANO S.r.l. I Termini di consegna vengono sempre indicati in via approssimativa e senza impegno vincolante. La ERCOLANO S.r.l. non assume responsabilità a fronte di ritardi. È facoltà della ERCOLANO S.r.l. effettuare le consegne in più riprese. La merce viaggia a rischio e pericolo del committente anche se venduta in porto franco. La trattenuta della fattura indica la sua accettazione. Non sono ritenuti validi i reclami o contestazioni se non inviati con lettera raccomandata entro e non oltre otto giorni dalla consegna. A fronte di ritardi rispetto le condizioni di pagamento pattuite, sarà facoltà della ERCOLANO s.r.l. Di addebbitare gli interessi di mora correnti o respingere cessioni fuori dai termini stabiliti o non gradite. La postecipazione dei termini di consegna non modifica i termini di pagamento pattuiti. I pagamenti sono validi solo se effettuati alla nostra sede di Sorrento o a mani di personale autorizzato. Non sono ritenute valide le intese verbali se non confermate per iscritto né ogni deroga alle presenti condizioni che sono confermate in pieno dal committente.

保険証書（保険料請求書）サンプル

Mitsui Sumitomo Insurance

STATEMENT OF PREMIUM

Mitsui ‵ mitomo Insurance Company,Lir ʻted

DEBIT NOTE
（海上保険料請求書）

Assured(s),etc.
MARUO CO., LTD.

Invoice No.
2005L032

Prov.No.
No.205-1000347702

Amount insured
CARGO
¥886,000.-

Claim,if any,payable at/in

Conditions
A/R

Local Vessel or Conveyance | From(interior port or place of loading)

Ship or Vessel: JI FENG | Voyage: at and from: FUZHOU | Sailing on or about: JUN. 11,2005

Voyage: to/via: TOKYO | Thence to: INTERIOR PLACE IN JAPAN BY ANY CONV.

Goods and Merchandises | Mark(s) and Number(s) as per Invoice No. specified above.
252 CTNS. OF CERAMIC PHOTOFRAMES

Including risks of War,
Strikes,Riots and Civil Commotions
Subject to the following Clauses:
Institute Radioactive Contamination, Chemical, Biological, Bio-Chemical and
Electromagnetic Weapons Exclusion Clause
Institute Replacement Clause(applying to Machinery)
Label Clause(applying to Labelled Goods)
Duty Clause(applying when Duty is separately insured)
F.O.B. Attachment Clause (applying to import cargo
insurance, unless otherwise specifically arranged)
Wild Fauna and Flora Clause, Cargo ISA Endorsement
Termination of Transit Clause(Terrorism)

In case of the interest hereby insured being stowed in container(s)(except open top &/or flat rack container and the like), shipped under deck &/or on deck.

AP Code
O…Over Aged Vessel　I…Inland Transit
U…Unclassed Vessel　S…Shore Risk
W…Small Sized Vessel　R…Rejection

Place and Date signed in: TOKYO　JUN. 21, 2005

No.of Pol. | Date: 2005.06.21 | US$ 108.6100 / ¥ 1.0000 | ABL-73 799 | Z127

Remarks

		Exchange Rate at	Cargo Amount insured	Duty Amount insured etc.	
		¥ 1.0000	886,000		
CARGO	M	Rate 0.25000		¥ Premium	
	W	0.05000		¥	
	T	0.30000		¥	
DUTY etc	M			¥	
	W			¥	
	T			¥	
AP				¥	
GT			MIN	¥ 3,000	¥Net

Accountee

Agent Name
MARUO

For Mitsui Sumitomo Insurance
Company,Limited

AUTHORIZED SIGNATORY

200506
D／N

パッキングリスト（梱包証明書）サンプル

FUJIAN NANPING FOREIGN TRADE CORPORATION

NO.320 BAYI ROAD NANPING FUJIAN CHINA

PACKING LIST

TO:Maruo co.,ltd

85-1 HIRASAWA NAKAZAWA
MACHIKITAMACHI AIZUWAKAMATSU,
FUKUSHIMA,JAPAN

INVOICE NO.:0920023

DATE:OCT.31,2001

FROM:FUZHOU,CHINA
TO:TOKYO,JAPAN
LC NUMBER:LC 0151/103429

MARKS	ITEM NO.	QUANTITY	PCS/CTN	CTNS
MARUO	LS033H-3S	504	18	28CTNS
	LS035H-3S	504	18	28CTNS
ITEM NO.	LS033B-3S	504	18	28CTNS
	LS113B-3S	504	18	28CTNS
	LS3001E-3S	504	18	28CTNS
	LS2007B-3S	504	18	28CTNS
	LS101B-3S	504	18	28CTNS
	LS101B-3K	504	18	28CTNS
	LS2007C-3K	504	18	28CTNS
	LS3001D-3K	504	18	28CTNS
	LS3002B-3K	360	18	20CTNS
	LS035K-3K	504	18	28CTNS
	LS2007B-3K	504	18	28CTNS
	LS033H-3K	486	18	27CTNS
	LS035K	1296	48	27CTNS
	LS033H	1440	48	30CTNS
	LS033B	1008	48	21CTNS
	LS113F	768	48	16CTNS
	LS113B	768	48	16CTNS
	LS3002B	816	48	17CTNS
	LS3001D	816	48	17CTNS
	LS001B	864	48	18CTNS
	LS001L	864	48	18CTNS
	LS2010A	720	48	15CTNS
	LS101B	960	48	20CTNS
	PAPER BOX	1800PCS	600	3CTNS
	SAMPLES	11PCS	11	1CTN
TOTAL:				**602CTNS**

GW.:8730.50KGS **NW.:7530.50** **29.13CBM**

FUJIAN NANPING FOREIGN TRADE CORP.

8. ARBITRATION

Any disputes, controversy or difference which may arise between the parties hereto, out of or in relation to or in connection with this Contract, or any breach hereof shall be settled, unless amicably settled without undue delay, by arbitration in (Tokyo), Japan in accordance with the rules of procedure of The Japan Commercial Arbitration Association. The arbitral award shall be final and binding upon both parties.

8. 仲裁

「この契約において、契約の違反もしくは当事者間双方の間で生じるすべての紛争、論争、意見の食い違いは、速やかに円満に解決できない場合は、日本の（社）国際商事仲裁協会の仲裁規則に従って解決するものとし、その判断は最終的なものとし双方を拘束するものとする」

貿易取引は、本来信頼ベースに行われれば契約書も必要ないのですが、現実には食い違いも多いものです。紛争が起きた時、どのように収めていくかを決めておくことは、重要でしょう。

9. TRADE TERMS & GOVERNING LAW

Trade terms such as FOB, CIF and any other terms which may be used in this Contract shall have the meanings defined and interpreted by the Incoterms 1990 Edition, ICC Publication No. 460, as amended, unless otherwise specifically provided in this Contract. The formation, validity, construction and performance if this Contract shall be governed by and construed in accordance with the laws of Japan.

9. 貿易条件用語および準拠法

「この契約書で使われているFOB、CIFなどの貿易用語は、別途定めがない限り、『インコタームズ1990年改訂版』、およびその後の改訂版に定義され、解釈された最新改訂版のものとする。この契約の成立・効力・解釈・履行は日本の法律を適用して判断されるものとする」

いわゆる準拠法です。どこの国の法律で判断されるかは、輸入者にとって、重要な条項です。

出所：「最新輸入ビジネス」ジェトロ

7. DEFAULT

If Seller fails to perform any provision of this Contract or any other contract with Buyer or commits a breach of any of the terms, conditions and warranties in this Contract or any other contract with Buyer, or if proceedings in bankruptcy or insolvency or similar proceedings are instituted by or against Seller, or if a trustee or a receiver for Seller is appointed, or if Seller goes into dissolution or liquidation or transfers a substantial part of its business or assets, Buyer may, by giving notice to Seller.

i) stop or suspend its performance of this Contract or any other contract with Seller.

ii) reject the shipment or taking delivery of the Goods.

iii) dispose of the Goods, if delivery has been taken for the account of Seller in such manner as Buyer deems appropriate and allocate the proceeds thereof to the satisfaction of any and all of the losses and damages caused by Seller's default, and/or

iv) cancel the whole or any part of this Contract or any other contract with Seller.

In any such event, Buyer may recover all losses and damages caused by Seller's default, including but not limited to, loss of profit which would have been obtained by Buyer from resale of the Goods and damages caused to any customer purchasing the Goods from Buyer.

7. 債務不履行

「輸出者が、この契約の不履行、契約の条件、保証に違反した時、破産、支払不能、もしくは輸出者が解散、清算に入ったり営業権譲渡または資産譲渡があった場合には、輸入者は文書をもって次の手段を取ることができるものとする。
① この契約あるいは輸出者とのすべての契約の履行を停止すること

② 商品の船積みあるいは引き取りの拒否

③ すでに引取っている商品を、輸入者サイドで輸出者サイドの勘定で売却し、輸出者の債務不履行で被った損害、損失補てんへの充当

④ この契約または輸出者とのその他のすべての契約の破棄

前述のどの場合でも、輸入者は、輸入者がこの商品を転売することによって得られるはずの利益（逸失利益）および輸入者から商品の購入を約束していた顧客が被る損失を含み、それだけに限定されることなく、輸入者が被りうるすべての損失を請求できる」

ただし、この条項があっても輸出者の破産、会社更生法申請などの場合は、その輸出国の法律で規制されるので、注意が必要です。

6. FORCE MAJURE

Buyer shall not be liable for any delay or failure in taking delivery of all or any part of the Goods, or for any other default in performance of this
Contract due to the occurrence if any event of force majure thereinafter referred to as "Force Majure" such as Act of God, war or armed conflict, or any other similar cause which seriously affects Buyer or any of his customers, directly or indirectly, connected with the purchase, resale, transportation, taking delivery of the Goods.
In any event of Force Majure, Buyer notify Seller in writing of such event(s) and Buyer may, in its sole discretion and upon notice to Seller, either terminate this Contract or any portion thereof affected by such event(s), or delay performance of this Contract in whole or in part for a reasonable time.
If seller is unable to deliver the Goods in whole or in part as specified on the face of this Contract by similar reason(s) as above-mentioned, without Seller's fault, Seller shall immediately notify Buyer in writing of such delay with the reason thereof, and Buyer shall, if requested by Seller, agree to extend the time of shipment until such event(s) shall no longer prevent delivery by Seller. In the event, however, the above-mentioned event(s) cause a delay beyond thirty (30) days, Buyer may, in its sole discretion and upon written notice to Seller, terminate this Contract or portion thereof affected such event(s), and Seller shall reimburse to Buyer any amount of money paid by Buyer to Seller with respect to any undelivered portion of this Contract.

6. 不可抗力

「輸入者は、輸入者または商品の購入、転売、運送などに直接的、間接的に関係がある輸入者の顧客に相当の影響がある天災地変、戦争または武力闘争、あるいはその他の同様な理由などの不可抗力事由（以下不可抗力という）の発生によって生じる遅延や不履行に対しては、責任を負わないものとする」

輸入者は、なんらかの不可抗力ともいえる事態おきた時は、輸出者に文書で通知し、契約の全部もしくは一部を取り消すか、もしくは履行の延期をすることができる。

前述と同様の事由で、輸出者の過失ではなく、契約書に沿った受け渡しができない場合は、その理由を付記して文書にて輸入者に連絡し、輸入者は輸出者が要求した場合は、その出来事が輸出者の受け渡しを阻害している間は、船積み延期に同意をする。ただし 30 日以上の遅延が発生する場合は、その契約を破棄できるものとし、輸出者は発生した損失、損害の補償をするものとする」

輸入者は、輸出者が不可抗力によって契約を履行できないことも想定して、国内の顧客との間にも、念のために不可抗力条項を結んでおく必要があります。

5. WARRANTY

Seller warrants that:

i) the Goods shall fully conform to the description of the Goods on the face hereof and any and all data and materials shown as the basis of this Contract, such as specifications, sample, pattern, drawing, etc.

ii) the Goods shall be of good quality, merchantable, be free of any encumbrance, and fit or suitable for the purpose(s) intended by Buyer or Buyer's customer(s)

Such warranty shall not be deemed to have been waived by reason of inspection and/or acceptance of the Goods or by the payment thereof by Buyer.

If Buyer should find any defect in the Goods and notify Seller of that fact, Buyer shall have the following option(s).
i) to require Seller to replace or repair the Goods at Seller's expense and risk.

ii) to reject the Goods.

iii) to cancel the whole or any part of this Contract at any time.

In either event,
Buyer may require Seller to compensate any loss or damages suffered by Buyer or Buyer's customer(s) due to or arising from such defects.

5. 保証

「輸出者は、輸入者が発注した商品が、この契約書の表面の商品詳細、契約にいたるまでのすべてのデータ、契約の基礎として合意された事柄、たとえば仕様、サンプル、柄、図案その他の要件に完全に合致し、ハイクオリティでかつ商品性があり、やっかいさがなく、輸入者もしくは輸入者の顧客の要求に合致している必要がある。

しかも品質保証は、商品の検査や証人受領後などの理由によって、輸出者はその責任からまぬがれることはできない。もし輸入者が欠陥を発見した場合、次のような選択をすることができる。

① 輸出者負担で交換もしくは修理
② 受取拒否
③ いつでも全部もしくは一部の取り消しができる

万が一、前述のことが発生した場合、輸入者はその欠陥により輸入者もしくは輸入者の顧客が被った損害、損失を、輸出者にその補償を請求できるものとする」

これは、かなり輸出者には厳しい内容になっていますが、品質基準が日本に比べて低い国々との取引においては、不可欠な条項です。

3. SHIPMENT

Seller agrees to ship the goods described on the face of this contract punctually within the period stipulated on the face of this contract.
In the event Seller fails to make timely shipment of the Goods,
Buyer may cancel this Contract and claim damages.

3. 船積み

「輸出者は、契約の商品を、この契約書に定められた期限内に出荷しなければならない。もし輸出者が期限どおりに出荷できない場合は、この契約を破棄し、被った損害の賠償請求ができる」

船積み遅れは、輸入者にとっては致命的にもなりうる大きな問題です。ですから輸入者にとって大きな救済手段と請求権を輸出者に認めてもらう必要があります。

4. CLAIM

Any claim by Buyer, except for latent defects, shall be made in writing as soon as reasonably practicable after arrival of the Goods at their final destination and unpacking and inspection thereof whether by Buyer or any customer of Buyer.Seller shall be responsible for latent defects of the Goods, notwithstanding inspection and acceptance of the Goods,

provided that notice of claim shall be made within six(6) months after the Goods become available for inspection, whether by Buyer or any customer of Buyer.

4. クレーム

「輸入者は、欠陥がある場合は、ただちに発見できないような潜在的欠陥以外は、商品最終到着地着後、輸出者もしくは輸出者の顧客によって、梱包をほどかれてからできるだけ早い段階で文書をもって連絡した場合、損害の賠償を請求できるものとする」

輸出者サイドの作成したものは、貨物が届いてから何日以内（例は６ヶ月以内）などと規定されていることが多いです。

輸入契約書の裏面の一般取引条項の内容例（英文）

General Terms and Conditions

We, as buyer, are pleased to conform this day our purchase from you, as Seller, subject to all of the TERMS AND CONDITIONS ON THE FACE AND RESERVE SIDE HEREOF. If you find herein anything not in order, please let us know immediately. Otherwise, these terms and conditions shall be considered as expressly accepted by you, and constitute the ENTIRE AGREEMENT between the parties hereto.

一般取引条項

「この契約書は、輸入者と輸出者の完全な合意を基に成立している。たとえ事前にこれと違うことに合意もしくは約束等があったとしても、これに書かれていること以外のことは無効となる。もし合意に達していない条項等があれば、この契約の締結前に連絡すること。連絡がない場合は、双方ともこの契約に同意したものとする」

この条項は、この契約書に書かれていることが絶対的なものだということを示しています。日本の契約書にありがちな曖昧な「円満解決条項」や「別途協議条項」とは全く相いれない欧米諸国の標準的な考え方ですので注意が必要です。

1. NO ADJUSTMENT

The price described on the face hereof shall be firm and final and shall not be subject to any adjustment as a result of a change in Seller's cost which may occur due to a change in material or labour costs or in freight rate(s) or insurance premium(s) or any increase in tax(es) or duty(ies) or imposition of any new tax(es) or duty(ies).

1. 調節禁止

「この契約書に定められた商品の価格は、契約締結後たとえいかなる事情、例えば材料費、労賃、船賃、保険料、税金等の高騰があろうとも変えることはできない」

前述したようにこの条項は輸入者にとってもっとも重要な条項の１つです。必ず盛り込むべき条項です。採算に直接かかわる生命線ともいえるでしょう。後述する輸出者サイドのIncreased Costsと比べるとお互いの立場がはっきりするでしょう。

2. CHARGES

All customs duties, taxes, fees, banking charges and other charges incurred on the Goods, containers and/or documents arising in the countries of shipment and/or origin shall be borne by Seller.

2. 儲掛かり

「輸出国で発生する、商品、コンテナ、または書類にかかる関税、税金、銀行諸費用は、輸出者の負担とする」

輸出者の費用負担を、はっきり明文化しておくものです。

契約書サンプル（対訳）

MARUO　CO., LTD
85-1 Hirasawa Nakazawa Machikita-Machi Aizuwakamatsu Fukushima Japan
Phon:81-242-25-4151　Fax:81-242-25-4154
E-mail maruo.co@maruo-importer.com　http://www.maruo-importer.com

CONFIRMATION OF ORDER

ller:　xiamen Lisheng Arts&Crafts Co. LTD　　Date November 19.2004
　NO428 Houkeng Heshan ,　　Order No.2004-48
　HuLi Xiamen.China

, as Buyer are pleased to confirm this day our purchase from you as Seller, subject to the m and conditions on the face and on the general terms and conditions attached. If you find rein anything not in order, please let us know immediately. Otherwise, these terms and iditions shall be considered as expressly accepted by the Seller, and constitute the entire reement between the parties hereto.

Article :　As per the attached Order Sheet
Quality :　As per the samples submitted
Quantity :　As per the attached Order Sheet
Price :　As per the attached Order Sheet
Total amount : US$　11,954,4
Trade Terms :　FOB XIAMEN
Payment :　L/C AT sight
Shipment :　By January 20.2005
Destination :　Tokyo, Japan
Shipping Marks :

cepted and Confirmed by:

ELLER)　　(BUYER)

参考文献

「初めてでもよくわかる輸入ビジネスの始め方・儲け方」 大須賀祐　日本実業出版社
「おもしろいほどよくわかる貿易ビジネスの基本と常識」 大須賀祐　PHP 研究所
「輸入ビジネス　儲けの法則」 大須賀　祐　現代書林
「これ 1 冊で全部わかる！貿易実務」 大須賀祐　あさ出版
「個人で始める輸入ビジネス」 大須賀　祐　KADOKAWA
「初めてでもよくわかる輸出ビジネスの始め方・儲け方」 大須賀祐　日本実業出版社
「個人ではじめる輸入ビジネス」（改訂版） 大須賀祐　KADOKAWA
「これ 1 冊でぜんぶわかる輸入ビジネス」 大須賀祐　あさ出版
「実践国際ビジネス教本　ジェトロ編」 世界経済情報サービス（weis）
「わかりやすい貿易実務」 片山立志・寺田一雄　オーエス出版社
「輸出入・シッピング実務事典」 高内公満　日本実業出版社
「出る順通関士」 東京リーガルマインド
「洋上三万マイル浪漫大航海」 大須賀英夫　歴史春秋出版社
「貿易為替用語辞典」 東京リサーチインターナショナル編　日本経済新聞社
「最新貿易ビジネス」 中野宏一　白桃書房
「貿易マーケティング・チャネル論」 中野宏一　白桃書房
「貿易業務論第 9 版」 中村弘・田中尚志　東洋経済新報社
「図解　円安・円高のことが面白いほどわかる本」 西野武彦　中経出版
「関税六法」 日本関税協会
「国際法務の常識」 長谷川俊明　講談社
「最新貿易実務」（増補版） 浜谷源蔵　同文館
「実践国際マーケティング」 堀出一郎　中央経済社
「外航貨物海上保険案内」 三井住友海上火災保険（株）
「小口輸入 Q&A」 ミプロ
「貿易実務と外国為替がわかる事典」 三宅輝幸　日本実業出版社
「入門輸出入の実務手びき」 宮下忠雄　日本実業出版社
「やさしい貿易実務」 森井清　日本実業出版社
「図解実務入門よくわかる貿易書類入門・図解実務入門」片山立志　日本能率協会マネジメントセンター
「貿易・為替用語の意味がわかる事典」森井清　日本実業出版社
「現代の貿易ビジネス」寺田一雄　中央書院
「貿易物流実務マニュアル」石原伸志　成山堂書店
「貿易と国際法」森井清　同文館
「わかりやすい貿易取引の手引」山口敏治　中央経済社
「貿易の知識」（日経文庫）小峰隆夫　日本経済新聞社
「英文契約書の書き方」山本孝夫　日本経済新聞社
「入門外国為替の実務事典」弓場勉　日本実業出版社
「国際契約の手引」大須常利・淵本康方　日本経済新聞社
「貿易実務がわかる本」吉野議高　日本能率協会マネジメントセンター
「国際取引契約」浅田福一　東京布井出版
「ベーシック貿易取引　小林晃・赤堀勝彦　経済法令研究会
最新英文ビジネス・ライティング」橋本光憲　中央経済社
「英文ビジネスレター事典」橋本光憲監修　三省堂
「外国為替用語小事典」山田晃久・三宅輝幸編　経済法令研究会
「入門貿易英語」中村弘　東洋経済新報社
「貿易業務論」（改訂版）中村弘　東洋経済新報社
「貿易取引入門」新堀聰　日本経済新聞社
「法律英語のカギ」長谷川俊明　東京布井出版
「英文契約書作成のキーポイント」中村秀雄　（社）商事法律研究会
「すぐできて儲かる輸入ビジネス」ミプロ　かんき出版
「貿易・為替の基本」山田晃久　日本経済新聞社
「マクロ・ミクロ貿易取引」山田晃久　学文社
「輸出・輸入手続き実務事典」山田晃久　日本実業出版社
「貿易の実務」石田貞夫　日本経済新聞社
「新貿易取引」石田貞夫・中村那詮　有斐閣
「貿易実務」の基本が身につく本井上洋　かんき出版
「やさしくわかる貿易実務のしごと」井上洋　日本実業出版社
「入門の入門　貿易のしくみ」梶原昭次　日本実業出版社
「90 分でわかる外国為替の仕組み」片山立志　かんき出版
「実践貿易実務」神田善弘　ジェトロ
「基本貿易実務」（五訂版）来住哲二　同文館
「ICC 信用状統一規則および慣例」国際商業会議所　日本国内委員会
「儲かる海外商品の見つけ方・売り方 A　to　Z」財団法人ミプロ　アスキー
「国際ビジネスを成功させるために」佐々木紘一　文芸社
「やさしい商品輸入ビジネス入門」佐野光質　南雲堂フェニックス
「マンガで入門貿易実務ができる本」高橋則雄・木村雅晴　こう書房

読者への特典情報と
著者・大須賀 祐とのつながり

今すぐにつながってください・・
たくさんたくさん素敵な素敵な情報をプレゼントしますから・・・

今スグこちらをクリック！
http://importpreneurs.com/slp/bk18tokuten/ ⇒ QR はこちらから

さらに、ダブルプレゼント！

こちらも、今すぐチェック！
↓↓

【無料】世界初！365 日動画でわかる輸入ビジネス
http://yunyu-bible.com/?p=213

【無料】御社の利益を10倍にする戦略的輸入ビジネスメールマガジン
http://importpreneurs.com/dougamm/

セミナー情報
http://importpreneurs.com/seminar/

ブログ　できる経営者のための輸入ビジネス
https://ameblo.jp/importpreneur

ユーチューブ　大須賀　祐の輸入ビジネス専門チャネル
https://www.youtube.com/user/yuhohsuka

ラジオ番組「大須賀祐の輸入ビジネス紀行～世界の翼から～」
http://importpreneurs.com/radio/

大須賀 祐（おおすか ゆう）

輸入ビジネスに特化した日本一の輸入ビジネスアドバイザー。

（ジェトロ認定貿易アドバイザー／現：AIBA 認定貿易アドバイザー）。

著述家、講演家、日本貿易学会正会員、かわさきFMパーソナリティ。

早稲田大学商学部卒。東証一部上場企業入社後、3年目で最優秀営業員賞受賞。

国内ビジネスに失望し、会社を退社。その後、輸入にその身を投じる。

2004年2月当時わずか合格率8.4%の狭き門、現役で日本国内に500名にも満たない超難関貿易資格「ジェトロ認定貿易アドバイザー」を取得。全国で486人目の貿易アドバイザーとして、日本貿易振興機構（JETRO）より認定を受ける。


超難関資格であるジェトロ認定貿易アドバイザーとしての知識、28年に及ぶ貿易商としての経験、15年に及ぶ貿易アドバイジング実績、現在までに20,000件以上の商談をこなしたキャリア、心理学やNLPに基づいた巧みなコミュニケーション術を駆使したコンサルティングはクライアントから圧倒的な支持を受け、TV、ラジオ、新聞、雑誌、書籍等の各マスコミにも頻繁に紹介されている。

現在、クライアントとともに年間100日強を海外で過ごし、まさに全世界的に活躍中。また中小企業向けに利益倍増のための新規事業戦略としての輸入ビジネスを提唱し大人気を博している。特に、海外の国際見本市の現場に、クライアントを個別に伴いメーカーブースに訪問し、リアルなサプライヤーとの面談交渉を実際にやって見せながら、独占販売権の獲得にあたる様は、まさに「神の所業」と称され他の追随を許さない日本唯一のコンサルティングになっている。

現在、この個別コンサルティングは、あまりにも劇的にクライアントの現状を激変させるがゆえに申込者が後を絶たず半年待ちの状態になっている。セミナー受講者は、10,000人を超え、海外での実践講座のクライアント数は、2018年10月時点で885名を超え、今なお数多くの成功者を輩出。

その圧倒的な実績によりクライアントからは「輸入の神様」と称されている。また、輸入ビジネス界に対する多大なる貢献により、歴史と伝統ある日本最大にして最高の権威を有する貿易の学術団体「日本貿易学会」の正会員に推挙され、貿易会の発展にも寄与している。

著書に、専門書としては異例ともいえる販売即日Amazon総合ランキング、処女作発刊以来5回連続ですべて1位になった「初めてでもよくわかる 輸出ビジネスの始め方・儲け方」、「貿易ビジネスの基本と常識」、輸入ビジネス儲けの法則」、図解　これ1冊でぜんぶわかる！貿易実務」、ホントにカンタン！誰でもできる！個人ではじめる輸入ビジネス」

また、「初めてでもよくわかる輸出ビジネスの始め方・儲け方」は紀伊國屋書店、Amazonにてビジネス書第一位を獲得。さらに「ホントにカンタン！誰でもできる！個人ではじめる輸入ビジネス　改訂版」「これ1冊でぜんぶわかる！輸入ビジネス 完全版」等多数。

実務書としては、異例の累計９５，９００部を記録（2018年10月30日時点）

現在は、輸入ビジネスに特化した日本一の実績を持つコンサルティング会社である、
株式会社インポートプレナーの最高顧問を務める。

■著者のホームページ
http://importpreneurs.com/
■できる経営者・エクゼクティブのための戦略的輸入ビジネス　ブログ
http://yunyu-bible.com/
■できる経営者のための戦略的輸入ビジネス　ブログ
http://ameblo.jp/importpreneur
■大須賀　祐の facebook
https://www.facebook.com/yuhohsuka1955

「儲《もう》かる仕組《しく》み」は自由《じゆう》に作《つく》れる！

社長《しゃちょう》のための輸入《ゆにゅう》ビジネス

2018年12月21日初版第1刷
12月28日初版第3刷

著　者　大須賀《おおすか》 祐《ゆう》

発行人　松崎義行
発　行　みらいパブリッシング
〒166-0003 東京都杉並区高円寺南 4-26-5 YSビル3F
TEL03-5913-8611　FAX03-5913-8011
編集　道倉重寿
企画協力　Jディスカヴァー
ブックデザイン　堀川さゆり
本文イラスト　ハシモトジュンコ

発　売　星雲社
〒112-0005 東京都文京区水道 1-3-30
TEL03-3868-3275　FAX03-3868-6588
印刷・製本　株式会社上野印刷所

ISBN978-4-434-25485-7 C2034